問道：當代中國考古學現狀的反思與前瞻（下）

裴安平　著

目

次

上　冊

序言　學術是什麼？　車廣錦

前　言 …………………………………………………… 1

問道考古 ……………………………………………… 11

紀念 1991 年山東兗州全國中青年考古工作者
　　理論研討會 ……………………………………… 13

不囿浮雲，開拓前路——裴安平老師《中國史前
　　聚落群聚形態研究》英文版發行訪談 ………… 19

東方天國，集體至上——「中國的家庭、私有制、
　　文明、國家和城市起源」講座紀要 …………… 29

復原血緣社會的必由之路——裴安平教授訪談錄 … 43

反思泡沫 ……………………………………………… 69

質疑八十壋發掘報告造假作偽 ……………………… 71

質疑世界遺產「良渚古城遺址」認識的十大學術
　　泡沫 ……………………………………………… 85

質疑浙江上山文化最早年代的認識與認識方法 …… 109

上山文化根本不是世界上最早的稻作和彩陶文化· 117

「河洛古國」是真的嗎？……………………………… 133

文明探源，源在何方 ……………………………………… 149

紀念蘇秉琦先生誕辰 110 週年——質疑「文明
　　探源工程」………………………………………… 171

質疑王巍先生關於中國文明起源的時間與標準… 179

中原成為中國古代政治中心的原因……………… 197

論當代中國考古學的實用主義風潮——以「中華
　　文明探源工程」為例 ………………………………… 217

致中央領導的信 ………………………………………… 239

下　冊

學術前瞻 ……………………………………………… 243

考古新時代需要新的理論與方法………………… 245

論「考古學文化」的學術意義 ………………… 261

史前一體化「聚落群團」崛起的歷史意義……… 267

聚落群聚形態是復原與研究血緣社會的必由之路 291

問道：中國考古學的現狀與未來……………… 311

聚落群聚形態研究論綱 ……………………… 329

中國考古與「酋邦」……………………… 363

一定要「維護文物資源的歷史真實性」………… 389

後　語 ………………………………………………… 403

學術前瞻

考古新時代需要新的理論與方法

20 世紀 90 年代初，隨著蘇秉琦先生「重建中國史前史」號召的提出〔註1〕，中國考古學的發展也由此進入了一個以透物見人復原史前歷史研究史前歷史為重點的新時代。

但是，值得反思的是，時間過去了近 30 年，中國考古學在「重建中國史前史」方面卻並未取得意義突出的實質性的進展！「文明探源」也沒有探到真正的源〔註2〕！

之所以如此，關鍵就在於雖然新的時代有新的需要，但卻沒有新的理論與方法，因而就無法開啟窺探歷史的大門，就無法走近歷史，復原歷史，研究歷史。

一、考古學文化與區系類型理論的侷限性

新的時代沒有新理論新方法的第一個標誌就是繼續將考古學文化作為歷史的載體和研究平臺，並認為中華文明的形成是在一個相當遼闊的空間範圍內由若干考古學文化共同演進的結果，各文化的區域特色還暗示了在走向文明的進程中各自的方式、機制、動因等也可能不盡相同〔註3〕。

為此，要重建中國史前史，探索文明和國家起源，首先就要研究中國的

〔註1〕蘇秉琦：《關於重建中國史前史的思考》，北京：《考古》，1991 年，第 12 期。
〔註2〕裴安平：《文明探源，源在何方》，《紀念石家河遺址考古 60 年學術研討會論文集》，北京：科學出版社 2019 年。
〔註3〕王巍、趙輝：《中華文明探源工程的主要收穫》，北京：《光明日報》，2010 年 2 月 23 日，第 12 版。

考古學文化。

然而，隨著學科的發展，將考古學文化當作歷史的載體和研究平臺的侷限性與問題已顯露無遺。

第一，考古學文化的本質是物質的，是在一定的時間與空間範圍內由一群有特色的遺跡遺物構成的共同體。雖然這種物質的共同體也一定程度地反映了人類的歷史與變化，但這並改變不了它的物質本性。

第二，歷史的創造者和主體是人，是人與人聯合構成的各種社會組織。雖然史前的人和組織都隱藏在了考古學遺跡遺物的背後，但這並不是考古學文化研究就可以替代人與人類組織的理由。考古學文化的本質實際只是人類歷史活動的副產品，永遠都只會跟著人走，不會主動創造歷史，也不會主動推動文明和國家起源。研究歷史必須「由物及人」，以人為本，以人和人的社會組織為基本研究對象。千萬不能用物態考古學文化的研究替代了對人和人的社會組織的研究。

第三，就社會的組織與性質特點而言，考古學文化與區系類型都是跨血緣跨地域空間範圍廣闊的地緣化的概念。但是，史前的人類組織不僅以血緣為基礎，而且規模與分布地域都很小，遠遠不及考古學文化。因此，要復原史前社會，一方面不能用地緣的現象和特點來理解和復原血緣社會，另一方面也不能盲目地將考古學文化的整體都當作一個統一的血緣社會組織。

第四，在史前人類的視野中，實際並沒有「考古學文化」這個概念，也從來沒有在「考古學文化」的旗幟下一起從事過農業、手工業，一起從事過文明和國家的起源。考古學文化對古人來說完全是身外之物。人們相互之間除了血緣與婚姻關係以外，誰都不會因為使用了相似的陶器和石器而成為「親戚」或朋友。雖然它也是當時的一種客觀存在，但它只是一種地域性的物質文化的相似性和共性，對當時人們的日常生活並不存在任何影響。今天，人們對考古學文化及其區系類型的認識，純粹只是對一定時空範圍內有一定共性的物質遺存的主觀認識，一種宏觀的邏輯概括。

第五，雖然歷史時期某些民族和國家的主體範圍有與史前考古學文化的分布區域基本吻合的現象，但這種現象都是一段歷史過程及其結果的反映。事實上，中國的考古早已證明，國家的規模是不斷擴大的，國家與考古學文化的關係也是複雜的。一方面史前古國的規模與地域範圍都遠遠小於當地所屬的考古學文化，如早期楚人的活動地域就很小，就只是「關在荊山」；另一

方面，一個考古學文化的分布區內可能也不止一個古國；再一方面，有的國家，如夏的主體範圍實際就跨越了二個史前文化的分布地域，東南是河南龍山文化一部，西北是山西龍山文化一部〔註4〕。

第六，試圖通過考古學文化與區域類型研究歷史的模式已被證明是一種階段性的理論成果。

中國考古學的發展歷程表明，由於資料的特殊性與發現的侷限性，以考古學文化和區域類型為基礎復原歷史研究歷史完全是學科早期發展的認識與必經階段，也曾對中國考古學20世紀後期學科目標的整體轉移，文明探源工作的展開都起到了極大的推動作用。但是，誰都不可能超越歷史超越時代的侷限；尤其是隨著聚落考古的發展和區域性聚落調查資料的不斷積累，明顯反映當時社會組織、組織形態及其變化的聚落群聚形態不斷展現，也同步顯示了以考古學文化作為歷史研究單位和平臺的明顯侷限性。這是歷史的進步，也是學術的進步。對老一代考古學家最好的紀念與告慰就是推動學科與研究不斷地創新，不斷地向前發展。

當然，作為一個以物質文化遺存為主要研究對象的學科，考古學永遠都需要研究考古學文化與區系類型的理論和方法；一方面它是考古學最基本的有關資料整理和認識系統化的理論與方法，另一方面為考古學的歷史研究還提供了不可或缺的時間與空間刻度和座標，再一方面它也為考古學的歷史研究提供了一定的線索與證據。但是，對考古學文化與區系類型的研究不能代替了對歷史的研究，因為考古學文化本質上只能作為物質文化史及其演變的載體和研究單位、研究平臺。

今天，學科不能止步不前，考古學文化與區域類型研究理論與方法都不應該妨礙新的時代新的學科目標新的理論與方法的出現。

二、「區域聚落形態」與「酋邦」理論的侷限性

新的時代沒有新理論新方法的第二個標誌就是全盤引進歐美流行的「區域聚落形態」與「酋邦」的理論和方法。

歐美的理論與方法之所以在中國大受歡迎，主要有三個原因。一方面，以美國考古學家戈登‧威利（Gordon Willey）20世紀50年代初在秘魯維魯河

〔註4〕佟偉華：《二里頭文化向晉南的擴張》，《二里頭遺址與二里頭文化研究》，北京：科學出版社2006年版。

谷的發掘為標誌，表明歐美的聚落考古明顯早於中國；另一方面，20世紀90年代以後中國掀起了文明和國家探源的高潮，而與此同時國內又沒有自主獨創的專門的聚落考古的理論與方法；再一方面，急功近利的追求代替了對問題的深入思考已成學科的普遍現象。

值得注意的是，「區域聚落形態」的理論與方法，既不科學也不先進。

二次世界大戰以前，國際學術界竟然出現了以澳裔英籍戈登·柴爾德（Childe, Vere Gordon）為代表的馬克思主義考古學家。但是，二次大戰以後，這類學者至今卻一個不見。究其原因，關鍵就在於當時崛起了一大批社會主義國家，使西方資本主義國家非常緊張，於是就要與馬克思主義劃清界限，人類學、考古學就要劃清與馬克思主義關於社會發展和國家起源理論的界限。從此，西方人類學、考古學就自覺不自覺地走上了一條架空或另築史前社會形態之路。

圖1：秘魯維魯河谷史前萬卡戈時期的聚落形態

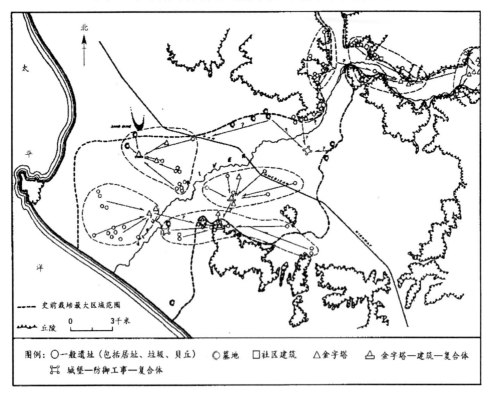

引自：謝銀鈴等《考古學文化功能研究的戰略性起點》，《東南文化》2015年第4期

受這一變化影響最大的就是路易斯·亨利·摩爾根（Lewis Henry

Morgan）。由於他的《古代社會》受到了馬克思、恩格斯的重視，並成為了馬克思主義社會發展與國家起源理論的重要基礎；所以他，雖然並不認識也沒有受馬克思、恩格斯的影響，但他在書中關於人類早期社會形態與組織、組織形態的研究成果受到了普遍的質疑並被束之高閣。為什麼同為美國人的戈登·威利關於秘魯維魯河谷史前聚落形態的研究，以及此後興起並流行於西方的「區域聚落形態」都竭力迴避氏族、部落等人類早期組織的名稱與概念，甚至不惜用現代地緣社會學的思想、概念和名稱來研究史前社會，將古人從來沒有見過的「社區」和「社群」（圖 1）等組織形態都套在他們頭上，還用以描述歷史？顯然，這樣做的結果不僅全盤否定了馬克思主義與摩爾根有關研究的合理性，還偷樑換柱以假亂真，徹底改變了歷史的原貌。

令人匪夷所思的是，中國的考古學不僅全盤接受了歐美的「區域聚落形態」，還將其視為中華文明探源的主要理論方法〔註5〕。然而，事實證明「區域聚落形態」失靈了，用它根本探不到中華文明之源。

無獨有偶，為了解釋中國的文明進程，中國考古學還同時引進了歐美 20 世紀 60 年代以後流行的「酋邦理論」〔註6〕。

一般而言，「酋邦理論」主要有二個要點。

第一，認為人類社會經歷了遊群（band）、部落（tribe）、酋邦（chiefdom）、國家（state）四個連續發展的階段。

第二，認為酋邦是史前社會與國家之間過渡階段的社會組織。

不過，「酋邦理論」的問題也很多，而且也與中國的考古發現明顯不符。

1. 在大量利用現代民族學與人類學資料的同時，忽略了將這類資料中時空二方面都可能存在的歷史疊壓現象剝離開來，從而使「酋邦理論」出現了異常的多樣化複雜化現象。

1989 年，童恩正先生在介紹酋邦部落組織時，曾按當時國外有關認識以尼日利亞北部蒂夫人（Tiv）的組織為例，認為氏族與其分支世系制度組織都是同時存在的泛親族組織的不同類型，其中「泛親族組織的另一種形式是分支世系制度」（圖 2）〔註7〕。然而，中國的考古卻表明，與蒂夫人組織類似

〔註 5〕王巍：《聚落形態研究與中華文明探源》，北京：《文物》，2006 年，第 5 期。
〔註 6〕嚴文明：《文明的曙光——長江流域最古的城市》，《農業發生與文明起源》，北京：科學出版社，2000 年，第 105 頁；李伯謙：《石家河文化時期長江中游地區已進入王國文明階段》，鄭州：《華夏文明》，2017 年第 7 期。
〔註 7〕童恩正：《文化人類學》，上海：上海人民出版社，1989 年，第 220 頁。

的聚落組織形態擁有二個方面的意義。一方面，時代越晚同時並存的不同特點不同屬性的聚落組織和組織形態越多；另一方面，類似多種不同特點不同屬性聚落組織和組織形態的共存現象是歷史長期演變過程的結果。

圖2：蒂夫人世系和領土關係示意圖

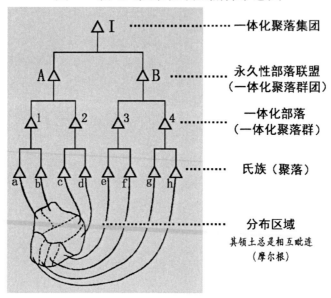

「小世系群a和b，各有其土地，他們是中世系群1的後代。由a和b組成的中世系群1的領土，再加上由c和d組成的中世系群2的領土，構成了大世系群A的領土。A的領土，加上由中世系群3和4組成的大世系群B的領土，構成了蒂夫人的全部領土I。所有的蒂夫人，相傳都是I的後代。」（圖、圖名、圖注皆引自童恩正《文化人類學》P221；另圖中中文注解皆本文作者所加）

　　正因此，既不能用結果抹殺了過程，也不能用過程抹殺了結果，更不能將所有遺留到晚期的社會組織形態都當作了從始至終同時並存的社會組織形態。

　　2. 在大量利用現代民族學與人類學資料的同時，忽略了區別這類資料中可能存在的不同地區的多樣性與不平衡性，從而使「酋邦」簡單地成為了世界各地都同時普遍存在的社會發展階段。

　　事實上，人類歷史的演化也像一棵大樹一樣，有主幹也有許多旁支；而且不同的地區還有不同的道路，不同的特點，有多樣性與不平衡。但是，「酋邦理論」產生的主要來源地夏威夷群島波利尼西亞的原始民族是否歷史演化的旁支，是否有不同的道路，是否有不同的特點，誰都沒有說清楚。顯然，在

這些問題都沒有說清楚之前，就直接將其視為早期人類普遍經歷過的社會形態〔註8〕，肯定是過於絕對化。

3. 現代「酋邦理論」之所以有所謂「簡單酋邦」與「複雜酋邦」、「產品經濟型酋邦」與「財富經濟型酋邦」、「集體型酋邦和個體型酋邦」〔註9〕、「神權型」與「軍事型」〔註10〕等等的分類與提出，實際就說明該理論還明顯的不夠成熟。

4. 考古與文獻表明，中國就從來沒有過「酋邦」。

中國史前的聚落群聚形態研究發現〔註11〕，河北陽原泥河灣盆地大田窪臺地就存在舊石器早期遺址的群聚現象（圖3，1）；其中，東谷坨與飛梁二遺址發掘所見同時期相似堆積地層（圖3，2，3）〔註12〕就證明，從舊石器早期開始，在史前人類的居住遺址之間就存在一種明顯按血緣關係近距離相聚的群聚現象，這種現象就一直是以血緣為紐帶的社會組織長期在一個地方居住與活動的物化反映。與此同時，這種群聚形態還說明，人類從來就沒有出現過以孤獨的「遊群」或「遊團」為主要社會組織和單位的歷史階段。

又由於自有人類以來，一直到史前晚期距今約5千年，部落一直都是人類社會最主要的生產生活的實體組織與組織單位。因此，在人類的歷史上也就根本不存在一個位於「遊群」之後才出現的「部落」時代。

距今8千年以後，為了應對人地關係和人與人之間關係的日趨緊張，文明起源了，以往獨立分散的血緣組織踏上了以實力為基礎整合一體化的不歸路。首先從聚落群即部落的一體化開始，隨著時間的推移，先後出現了一體化的聚落群團、聚落集團、早期國家、古國等多種具有統一領導和管理特點的社會組織〔註13〕。然而，卻沒有一種與「酋邦」相似，也沒有一種曾被中國的古人稱為過「酋邦」。

顯然，當代西方流行的「區域聚落形態」與「酋邦」理論，不僅一點都不先進，而且也與中國的歷史事實完全不符。

〔註8〕 易建平：《部落聯盟與酋邦——民主專制國家起源問題比較研究》，北京：社會科學文獻出版社，2004年，第288～293頁。
〔註9〕 陳淳：《酋邦的演化》，南昌：《南方文物》，2007年，第4期。
〔註10〕陳淳：《考古學理論》，上海：復旦大學出版社，2004年，第251頁。
〔註11〕裴安平：《中國史前聚落群聚形態研究》，北京：中華書局，2014年。
〔註12〕謝飛等：《泥河灣舊石器文化》，石家莊：花山文藝出版社，2006年，第67頁
〔註13〕裴安平：《中國的家庭、私有制、文明、國家和城市起源》，上海：上海古籍出版社，2019年，第361～394頁。

圖3：河北陽原泥河灣大田窪臺地舊石器早期遺址分布圖

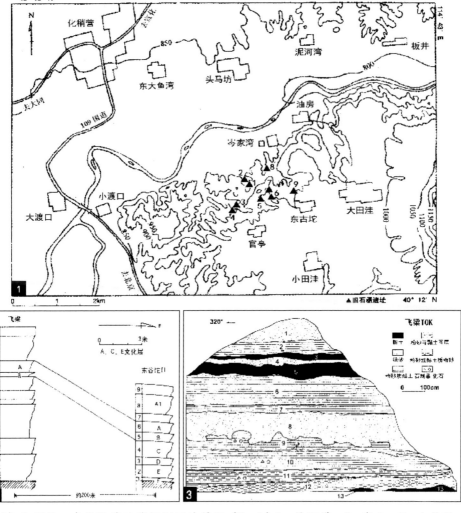

（1）與飛梁、東谷坨遺址發掘剖面地層圖（2、3）1. 馬圈溝，2. 半山，3. 小長梁，4. 大長梁，5. 飛梁，6. 東谷坨，7. 霍家地，8. 岑家灣，9. 馬梁。（引自：謝飛等《泥河灣舊石器文化》）

三、繼承和發展馬克思主義不能把它當教條

　　新的時代沒有新理論新方法的第三個標誌就是長期將馬克思主義教條化。每當遇到問題就簡單地抄襲，或將馬克思主義的一些論述「對號入座」。

　　關於中國私有制起源原因的探討就是這方面的典型，大家都照搬馬克思主義的觀點，都以為是手工業與農業分工的結果，從而以為手工業的規模化、

分工化、專業化就是私有制、商品經濟的證據；長江三峽裏的大溪文化居民就因為在河邊遺棄了大量石器製作殘品，而被認為是走在了時代的最前列，並以製作石器為生〔註14〕。至於中國史前手工業有什麼特點，手工業與農業是如何分工的，居然至今無人問津。

更有意思的是，在關於仰韶文化早期及裴李崗文化是否已出現了父系社會的爭論中，所有研究者都以隨葬器物的多寡為根據，有的認為已經出現了貧富差異，有的認為即使有差異也不明顯。總之，控辨的雙方都在使用同一件「批判的武器」，都在用其之矛攻其之盾，都完全忘卻了「武器的批判」〔註15〕。

對此，我們不能把責任都推給馬克思主義。馬克思主義，特別是恩格斯《家庭、私有制和國家的起源》的寫作與出版，不僅年代早，1884年，也就是135年以前；而且當時無論歷史資料還是民族學資料都很少，尤其是關於中國的考古資料就完全等於零，因而對有關問題的研究和認識就不免階段性區域性成果的意義。

今天，對馬克思主義的發展已經具有了十分迫切的意義。

第一，自20世紀50年代以來，中國的考古事業得到了極大的發展，大量的史前和古代遺址被發掘出來；不僅充分顯示了中國歷史鮮明的自身特點，還為人們解放思想，深入研究奠定了堅實的基礎。因此，將馬克思主義教條化卻極大地禁錮和侷限了人們對這些新鮮資料的科學和深入的認識。

第二，20世紀90年代以後，之所以外國的「區域聚落形態」和「酋邦」理論會受到國內學界的歡迎，關鍵就在於缺失抵禦的武器；而之所以缺失抵禦的武器，關鍵就在於沒有發展馬克思主義沒有自己的理論。因此，在馬克思主義沒有覆蓋的領域和有關論述比較薄弱的地方，就給西方有關理論的引進和傳播留下了缺口和餘地。

第三，「大樹底下好乘涼」，人們長期以來已習慣了只要將馬克思主義教條化就可以將其變成護身符和藏身洞的生活方式，就可以不作為不思進取。正因此，馬克思主義的教條化早已成為了學界的主流，嚴重地影響了考古學追求真理的學科目標與發展。

〔註14〕袁行霈、嚴文明主編：《中華文明史》，北京：北京大學出版社，2006年，第19頁。

〔註15〕馬克思：《〈黑格爾法哲學批判〉導言》，《馬克思恩格斯選集》第一卷，北京：人民出版社1974年，第9頁。

因此，要捍衛馬克思主義就要與時俱進，就要主動去發展馬克思主義。不能再把馬克思主義教條化了，而應該自覺地將還原歷史，研究歷史，發展馬克思主義當作中國考古人義不容辭的歷史責任和義務。

四、「聚落群聚形態」是復原史前社會的必由之路

新的時代沒有新理論新方法的第四個標誌就是對聚落群聚形態視而不見。

實際上，自 20 世紀 90 年代初蘇秉琦先生發出了「重建中國史前史」的號召以後，中國考古學就掀起了聚落考古的新高潮。

所謂聚落考古，就是以聚落為對象，研究其具體形態及其所反映的社會形態，進而研究社會形態的發展軌跡。聚落形態的研究又可細分為三個層次〔註16〕。一是單個聚落的形態和內部同時期各種生產生活設施的形態、結構與布局；二是同時期聚落之間的分布與相互關係；三是不同時期聚落形態的歷史演變。

20 世紀 90 年代以前，由於前蘇聯考古學的影響，特別是烏克蘭特里波利耶文化及其聚落形態研究〔註17〕的影響，中國考古學對史前聚落的研究尤其是對仰韶文化早期聚落的研究主要都屬於第一層次，並以單個聚落為主。與此同時，基本上也都是從母系血緣社會的角度來考察和分析有關的聚落形態與特點。

20 世紀 90 年代以後，由於全國文物普查的推廣，大量史前與古代聚落遺址被發現；又由於「重建中國史前史」與「中華文明探源工程」的需要，中國的聚落考古很快就進入了第二階段，聚落形態研究也開始進入了第二、第三層次。值得注意的是，為了在短時間內取得相應的成果，探到中華文明之源，重建中國文明與國家起源之路，中國考古學急切地引進了國外「區域聚落形態」的理論與方法。這樣不僅填補了國內缺失聚落考古理論與方法的空白，還同步顯示了與國際接軌的「先進」性。

可是，這種無遮無攔地引進不僅沒有給中國考古學的發展帶來應有的變化，還導致了許多不良現象的出現。

〔註16〕嚴文明：《聚落考古與史前社會研究》，北京：《文物》，1997 年，第 6 期。
〔註17〕考古學編輯委員會：《中國大百科全書考古學》，北京：中國大百科全書出版社，1986 年，第 522 頁。

第一，就世界範圍而言，考古學的中國學派已無以為繼。

一般而言，考古學中國學派的出現就是因為中國考古學有自己獨創的考古學研究的理論與方法，一是馬克思主義唯物史觀，二是器物類型學，三是考古學文化區系類型理論，四是文化因素分析法。可是，進入「重建中國史前史」的歷史新階段以後，尤其是引進國外的「區域聚落形態」作為中華文明探源的主要理論方法之後，「中國學派」的旗幟就因為缺少自己獨創的理論與方法而暗然失色無以為繼。

第二，根本不見史前血緣社會聚落相互關係研究的思想與理念。

自 20 世紀 90 年代初以來，一方面對史前聚落依血緣群聚的歷史現象視而不見，而另一方面哪個規模大哪個就是王，「內城」比「外城」大，「中心聚落」、「衛星聚落」、「都邑聚」、「城區」、「郊區」等完全與史前血緣社會毫不相關的概念，卻充斥了整個史前聚落關係的研究領域，充分顯示中國考古學根本就沒有血緣社會聚落關係研究的思想與理念。

第三，日益精彩的考古發現掩蓋了大量的認識問題，嚴謹求實的學風漸行漸遠。

為了凸顯考古新發現「政績」的意義，引起社會的關注和重視，獲取更多的榮譽和名利，近年中國還出現了一方面考古發現越來越精彩，另一方面有關歷史意義的認識不僅越拔越高還越來越煽情的現象。對「良渚古城遺址」的認識就是典型的一例〔註18〕，所謂「良渚文明比肩同時代的古埃及文明與古美索不達米亞文明」，所謂出現了宮城，「類似後世都城中宮城、皇城、外郭的三重結構體系」，城區與郊區，獨立的王陵、貴族墓地、手工作坊區等一系列認識即屬此類。它不僅明顯將許多春秋戰國時期才出現的歷史現象都大為提前了，而且還顯示在各種社會榮譽的激勵下嚴謹求實的學風漸行漸遠，默默追求實證的科學精神遭遇了史無前例的褻瀆。

顯然，這些都與「區域聚落形態」的影響有聯繫，因為「區域聚落形態」早已為血緣社會地緣化研究誇大發現的意義打開了大門，掃平了道路。

不過，令人深思的是，為什麼中國考古學會淪落到如此地步？除了人們心中追求目標的變化以外，還有一個很重要的原因，那就是根本不想知道要如何通過考古資料「由物及人」並理解史前社會，也不想知道要如何才能叩

〔註18〕裴安平：《質疑世界遺產「良渚古城遺址」認識的十大的學術泡沫》，www.
peianping.com/新文稿

開現代考古通往史前社會的歷史大門。

　　事實上，史前聚落的群聚形態就是考古通往史前和夏商周血緣社會的必由之路，就是開啟窺探史前和夏商周血緣社會原貌歷史大門的金鑰匙〔註19〕。但是，它不僅一直是國內外考古與聚落形態研究的空白地帶和處女地，而且還是國內考古界有意冷落的理論與思想。

　　所謂聚落群聚形態，就本質而言，就是以氏族為單位聚族而居的聚落相互因一定的血緣關係近距離相聚而形成的一種遺存形態。由於夏商周時期正好處於血緣到地緣社會之間的過渡階段，雖然國體已地緣化了，但政體卻是血緣化的，統治民族的基層組織單位也是血緣化的，河南殷墟後崗商代大小墓分群集中埋葬的整體特點就是證明（圖4）。因此，中國的考古表明聚落的群聚形態不僅從史前到商周都普遍存在，而且還是研究這段歷史的重要基礎。

圖4：殷墟後崗墓地墓葬分布示意圖

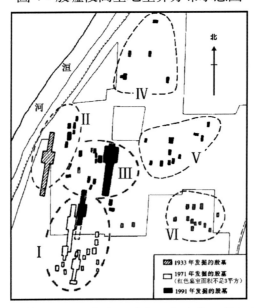

引自：中國社科院考古所《中國考古學・夏商卷》

　　值得注意的是，世界各地的民族學早就發現了這種群聚現象。1877年，即143年以前，摩爾根就在他的《古代社會》中論述了這種現象，並指出：部落內各氏族的「領土總是相互毗鄰」的〔註20〕。20世紀50年代初，美國

〔註19〕裴安平：《中國史前聚落群聚形態研究》，北京：中華書局，2014年；《中國的家庭、私有制、文明、國家和城市起源》，上海：上海古籍出版社，2019年。

〔註20〕〔美國〕摩爾根：《古代社會》，北京：商務印書館，1997年，第107頁。

考古學家戈登‧威利在秘魯維魯河谷所從事的研究，雖然他錯誤地將那些聚落的群聚現象都視為由「社區」、「社群」構成的「區域聚落形態」，但從每一個「社區」或「社群」的劃分中卻仍然可以見到聚落群聚形態的影子（圖1），說明他也充分地意識到了聚落近距離相聚有其特殊意義〔註21〕。

聚落群聚形態不僅是血緣社會血緣組織的物化形態，而且還顯示了不同歷史時期哪些組織類型是人類社會生產生活的實體組織。距今5千年新石器晚期早段及以前，人類的社會組織雖然包括氏族、部落、臨時性部落聯盟三級，但聚落的群聚形態卻表明只有部落才是人們生產生活的實體，人們生產生活的有效組織單位與組織範圍都在部落以內（圖5，1、2）。正因此，到發現美洲的時候，全北美的「絕大多數的美洲印第安人，都沒有超過聯合為部落的階段」〔註22〕。

不僅如此，中國史前的聚落群聚形態還清楚地顯示了不同時期實體組織的擴大與變化（圖5，3～8）。其中，距今5～4.5千年，人類社會的實體組織已變成實行統一領導和管理的部落聯盟，即永久性一體化的聚落群團；距今4.5～4千年，人類社會的實體組織分別是永久性一體化的聚落集團、早期國家、古國〔註23〕。此外，歷史的發展還表明血緣社會所有人類的所有活動都像古代、現代一樣，都以一定的社會組織為單位為載體為平臺，並隨組織規模的變化而變化。譬如，史前農業與手工業的分工就只發生在大型一體化的血緣聚落組織內部，而根本不存在地緣化的社會分工；之所以史前沒有「宮城」，沒有「類似後世都城中宮城、皇城、外郭的三重結構體系」，沒有「城區」與「郊區」，沒有獨立的王陵、貴族墓地、手工作坊，就因為直到夏商周統治民族的基礎還是血緣化的，商代殷墟手工業的「世工世族」以及西周政治的「封建親戚，以藩屏周」就都是明證。血緣社會最重要的歷史特徵就是人類的一切歷史活動與特點都以血緣組織為基礎，都侷限在一定的血緣組織之內，都銘刻著血緣組織的印記。最早的古國就只是血緣組織之間的關係發生了變化，由以往的獨立平等變成了政治上壓迫經濟上剝削的統治與被統治。

〔註21〕 謝銀鈴等：《考古學文化功能研究的戰略性起點》，南京：《東南文化》，2015年，第4期。

〔註22〕 〔德國〕恩格斯：《家庭、私有制和國家的起源》，《馬克思恩格斯選集》第四卷，北京：人民出版社1974年，第89頁。

〔註23〕 裴安平：《中國的家庭、私有制、文明、國家和城市起源》，上海：上海古籍出版社，2019年，第447～523頁。

圖 5：史前聚落群聚形態演變示意圖

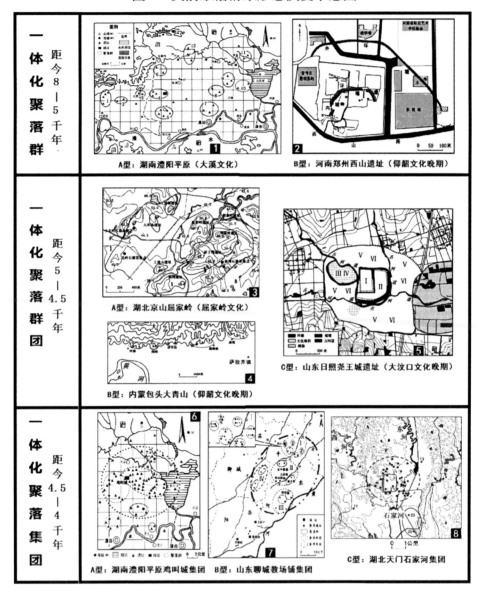

1 引自：裴安平《中國史前聚落群聚形態》；2 引自：張玉石《鄭州西山古城發掘記》；3 引自：湖北考古所《湖北京山屈家嶺遺址群 2007 年調查報告》；4 引自：田廣金《北方考古文集》；5 引自：梁中合《日照堯王城遺址的新發現、新收穫與新認識》；6 引自：裴安平《中國史前聚落群聚形態》；7 引自：裴安平《中國的家庭、私有制、文明、國家和城市起源》；8 引自：湖北考古所《大洪山南麓史前聚落調查——以石家河為中心》。圖中虛、實線圈為本文作者所加

　　顯然，聚落群聚形態不僅僅只是人類血緣社會組織與組織形態的物化遺存，而且還是人類血緣社會所有歷史活動的主人、載體和平臺，在血緣社會沒有一種歷史遺存與人的關係如此密切如此重要，也沒有一種歷史遺存像它一樣承載了那麼多鮮為人知的歷史信息，因而它就是考古學開啟「由物及人」大門的金鑰匙，是復原血緣社會研究血緣社會的必由之路，也是今天考古學應該推陳出新產生新的理論與方法的所在領域。

　　惟此，別無選擇！

結束語

　　今天，中國考古學的發展已經處在一個關鍵的轉折點上，要麼融入以「區域聚落形態」為標誌的歐美體系，要麼在蘇秉琦先生祭起的考古學中國學派的旗幟下，主動自覺地發展馬克思主義主義，重建中國史前史。

　　135 年以前恩格斯《家庭、私有制和國家的起源》的寫作與出版，從某種意義上說，為後人以人類學、民族學資料為基礎復原歷史研究歷史樹立了榜樣。今天，在田野發掘資料大量出現的背景下，中國人不僅擁有了在人類學、民族學基礎上，而且還擁有了在考古學基礎上續寫《家庭、私有制和國家的起源》，並「重建中國史前史」的不可推卸的歷史責任和義務。中國考古人必須在思想上理論上有所創新有所作為，絕不能讓考古學中國學派這面大旗倒下了還無動於衷。

　　新的時代正在呼喚新的理論與方法！

寫於 2020 年 10 月

論「考古學文化」的學術意義

自 19 世紀中葉西方考古學形成了「考古學文化」這一概念以來,「考古學文化」就一直是世界範圍內人們利用遺跡遺物復原和研究歷史的基本單位,尤其是史前考古捨了「考古學文化」就沒有其他的歷史載體了。

但 20 世紀 50 年代以後,西方及歐美就逐漸放棄了「考古學文化」而興起了「聚落考古」與「區域聚落形態」等理論與研究。雖然「區域聚落形態」理論啟用現代社會學的「社區」和「社群」等概念來理解和認識史前社會,從而完全背離了史前社會原貌,有違史前社會原本形態與特點的復原。但是,那些「社區」、「社群」的劃分卻也顯示了一個重要的歷史變化,即為了復原和研究歷史,西方及歐美考古學已開始擺脫「考古學文化」的羈絆而另尋人類歷史的載體與演變平臺。

20 世紀 90 年代以後,中國進入了復原史前史和文明探源的考古新時代,為了盡快獲得相應的成果,中國考古學在大力引進歐美「區域聚落形態」理論與方法的同時,還繼續堅持以「考古學文化」為歷史研究的單位,從而既顯示了中國考古學研究理論實用主義的混亂狀態,也顯示了中國考古學繼續對「考古學文化」的戀戀不捨。

一、考古學文化對於復原和研究歷史的積極意義

一般而言,考古學文化就是在一定時間和空間範圍內,由一群有特色的遺跡遺物構成的共同體。因此,考古學文化就是物資文化及其演變歷史的載體,就是物質文化及其演變歷史研究的單位和平臺。但是,考古學文化也是一種歷史現象和產物,由於人類的各種歷史活動也會相應地影響考古學文化

的歷史特點和面貌，所以對它的研究又一定程度有益於人類歷史及其演變的研究。因此，它一直受到世界各國考古學的重視。

就世界考古學而言，考古學文化之所以會成為史前考古的主要對象和研究平臺，有三個基本的原因。

第一，考古學文化具備時空二方面屬性。

考古所發現的史前遺跡遺物都是文字出現以前的不會說話的歷史遺存，要使這些歷史遺存都轉變成研究歷史的資料就必須解決其時間與空間二個根本的屬性問題，這是一切歷史研究資料的基礎和條件，而這二點也正是考古學文化在地層學、器物形態學支持下所具備的一大特點。正因此，具備了時間與空間屬性的考古學文化就成了歷史研究的對象，也成了考古學文化能夠成為一種歷史研究平臺的根本原因。

第二，考古學文化使一盤散沙的歷史遺物成為了一個系統有序的整體。

所有考古發現的對象都是物質的，雖然這些發現及其遺跡遺物都類似一個個歷史的文字、單詞或組織細胞，但是它們畢竟都是獨立的，都永遠無法相互聯繫起來構成一個系統的整體。誠如人體一樣，任何一個獨立的細胞雖然都是人體的構成部分，但永遠不是人。歷史的研究也一樣，個人的歷史雖然是歷史的一部分，但永遠也不是整體的人類及其歷史。值得注意的是，歷史學和考古學所研究的歷史一直都是人類宏觀整體的發展與歷史，所以考古學文化的整體性就自然而然地成為了人類歷史的研究對象和平臺。

第三，一定程度地印證了歷史的進步。

由於任何考古的遺跡遺物都是人類歷史活動的產物，而且隨著歷史的發展，不同地區不同時期的物質文化遺存還會表現出不同的特點和面貌。因此，不同地區不同時期的考古學文化也就一定程度地印證了歷史的變化與進步，尤其是文字出現以前的史前時期，考古學文化幾乎成了歷史進步最主要的證據，還為考古學復原歷史研究歷史提供了一定的線索與資料。

相對世界考古學而言，中國考古學還自有二大利用考古學文化研究歷史的原因和理由。

1. 大量考古學文化的發現就是百年來中國考古的主要收穫。

特別是 20 世紀 50 年代以來，中國考古學發現和辨識出了大量史前與商周時期的考古學文化，這些發現與辨識不僅顯示了中國史前和商周時期考古學文化的多樣性與精彩紛呈，也同時顯示了中國考古人孜孜不倦的追求與結

果；更重要的是還讓中國考古工作者發現：所有中國的早期歷史都隱藏在了考古學文化的背後，所有中國的早期歷史就是考古學文化的歷史。因此，今天繼續堅持以考古學文化來復原和研究歷史不僅充分肯定了考古人的追求和成績，還同步充分顯示了中國考古人對過往成就的戀戀不捨。

2. 考古學文化區系類型理論的提出拉近了考古學文化與歷史的距離。

20 世紀 90 年代初期隨著蘇秉琦先生考古學文化區系類型理論的提出，中國考古學就因為在世界範圍內首次提出了考古學文化的譜系問題，從而豎起了中國學派的大旗；更重要的是還拉近了考古學文化與歷史的距離，尤其是六大文化區系的劃分大部都可與商周以後各地大型晚期方國的出現及其地域範圍基本對應的現象，讓中國考古學進一步意識到考古學文化對於復原和研究中國歷史的重要意義。從此，中國考古學界普遍認為，對考古學文化的研究就是歷史研究的必由之路，並認為中華文明的形成就是在一個相當遼闊的空間範圍內由若干考古學文化共同演進的結果，各文化的區域特色還暗示了在走向文明的進程中各自的方式、機制、動因等也可能不盡相同〔註1〕。

顯然，考古學文化對於復原和研究歷史的積極意義中外是有所不同的。

二、考古學文化對於復原和研究歷史的侷限性

20 世紀 90 年代以來，特別是隨著重建中國史前史與文明探源等重大課題的展開，將考古學文化當作歷史的載體和研究對象與平臺的侷限性已顯露無遺。人們已逐漸認識到不能將考古學文化及其演變的研究等同於人類歷史的研究，也不能將考古學文化作為人類歷史的載體和人類歷史演變的單位與平臺。

第一，考古學文化的本質完全是物質的，是在一定的時間與空間範圍內由一群有特色的遺跡遺物構成的共同體，就像現在各地人們不同的生活習俗一樣，都是歷史發展中的自然產物。雖然這種物質遺存及其共同體也連帶反映了某些人類的歷史與變化，但這些變化並改變不了它的物質本性。

第二，歷史的創造者和主體是人，是人與人聯合構成的各種社會組織。考古學的終極目的是復原並研究人的歷史。雖然史前的人和組織都隱藏在了考古學遺跡遺物或曰考古學文化背後，但這並不是考古學文化與人與人類組織可以相互替代的理由。人就是人，物就是物。物性的考古學文化永遠都不

〔註 1〕王巍、趙輝：《中華文明探源工程的主要收穫》，北京：《光明日報》，2010 年
2 月 23 日，第 12 版。

會變成人和人類組織，也永遠不會創造歷史，更不會主動實時地推動文明和國家起源。研究歷史必須「由物及人」，以人為本，以人和人的社會組織為基本研究對象。千萬不能用物態考古學文化的研究替代了對人和人的社會組織的研究。

第三，考古學文化本身也是人類創造的，就像陶器的出現一樣，是人類社會生產力和技術發展與進步的結果，而不是考古學文化自身進步的結果。正因此，要研究人類的歷史與變化不可能從考古學文化中找到原因，而只能從人類本身歷史的變化中找到考古學文化發展與演變的原因。

第四，考古學文化及其區系類型都是跨地域的範圍廣闊的地緣化的慨念。但是，史前的人類組織不僅以血緣為基礎，而且規模與分布地域都很小，遠遠不及考古學文化。因此，要復原史前社會，一方面不能用地緣的現象和特點來理解和復原血緣社會，另一方面也不能盲目地將考古學文化的整體都當作一個統一的血緣社會組織。

第五，在史前人類的視野中，實際並沒有「考古學文化」這個概念，也從來沒有在「考古學文化」的旗幟下一起從事過農業、手工業，一起從事過文明和國家的起源。「考古學文化」對古人來說完全是身外之物。人們相互之間除了血緣與婚姻關係以外，誰都不會因為使用了相似的陶器和石器而成為「親戚」或朋友。雖然它也是當時的一種客觀存在，但它只是一種地域性的物質文化的相似性和共性，對當時人們的日常生活並不存在任何影響。今天，人們對考古學文化及其區系類型的認識，純粹只是對一定時空範圍內有一定共性的物質遺存的主觀認識，一種純地緣化的宏觀的邏輯概括。

第六，雖然歷史時期某些民族和國家的主體範圍有與史前考古學文化系統的分區基本吻合的現象，但這種現象只是歷史過程及其演變的最後結果，而且也與文明和國家起源毫無關係。事實上，中國的考古早已證明，國家的規模是不斷擴大的，國家與考古學文化的關係也是複雜的。一方面史前古國的規模與地域範圍都遠遠小於當地所屬的考古學文化，如早期楚人的活動地域就很小，就只是「闢在荊山」；另一方面，一個考古學文化的分布區內可能就不止一個古國；再一方面，有的國家，如夏的主體範圍實際就跨越了二個史前文化的分布地域，東南是河南龍山文化一部，西北是山西龍山文化一部〔註2〕。

〔註 2〕佟偉華：《二里頭文化向晉南的擴張》，《二里頭遺址與二里頭文化研究》，北京：科學出版社，2006年。

第七，雖然重建中國史前史與文明探源的工程都已經實施 20 年有餘了；但是；無論史前史還是文明探源卻都沒有取得任何實質性的研究成果，至於文明起源 5 千年的結果也完全與事實不符，既沒有說清楚什麼是「文明」，也沒有說清楚「文明起源」有哪些標準。為什麼會出現這種現象呢？其中一個重要原因就是用考古學文化研究的方法來研究社會與社會形態，聚落中哪個面積大哪個特別有物質遺存的內涵哪個就代表文明就是「王」，而周邊的其他聚落就自然是「眾星拱月」的「衛星」。這完全是以物的特點用形式邏輯來區別不同文明的經典研究方法，結果完全與歷史事實不符。

結束語

今天之所以要分析和討論考古學文化對於考古學的意義，並不是要否定它在復原歷史研究歷史中的積極作用，而是要理順並廓清它在復原歷史和研究歷史當中應有的地位和作用。

長期以來，中國考古學界就對考古學文化及其研究情有獨鍾。因此，只有真正廓清楚了「考古學文化」對於歷史研究的意義，才能真正解放思想，並有助於「中國特色、中國氣派、中國風格」的考古學的誕生與形成。

20 世紀 90 年代以來，中國重建史前史與文明探源的實踐早已表明中國考古學已進入復原歷史研究歷史的新階段。然而，復原歷史研究歷史僅靠考古學文化及其有關理論是不夠的。實際上，在歷史遺物與歷史之間，有許多問題需要解決。因此，考古學的理論是一個分層的體系，面對不同的問題要用不同的理論與方法來予以解決。最近，新出現的聚落群聚形態的理論就是利用考古學遺跡遺物專門研究史前社會組織與組織形態的理論〔註 3〕。這種理論與考古學文化理論的關係就不是要相互替代，而是升級。其中，考古學文化仍舊是聚落群聚形態研究的基礎之一，而聚落群聚形態的研究則是以人為本以組織為本的研究。

因此，對復原歷史研究歷史的新理論與新思想採取拒絕和排斥，視而不見聽而不聞的態度，不應該在學術舞臺上再繼續下去了。

發表於 2021 年 9 月《東亞文明》第 2 輯

〔註 3〕裴安平：《中國史前聚落群聚形態研究》，北京：中華書局，2014 年。

史前一體化「聚落群團」崛起的歷史意義

　　中國考古，特別是一批舊石器時代早期遺址的發現表明（圖1），自有人類以來，人類社會就是與生俱來的自然的血緣社會，就存在以血緣為紐帶的組織及其組織形態。其中，聚氏族而居的地點和場所就是聚落；以單個聚落為單位構成的組織就是「聚落群」，相當於部落；以聚落群為單位構成的組織就是「聚落群團」，相當於部落聯盟〔註1〕。其中，有二種類型，一種是早期的「鬆散型聚落群團」，相當於摩爾根記述的美洲印第安人的臨時性部落聯盟〔註2〕；另一種是晚期的「一體化聚落群團」，相當於摩爾根記述的美洲印第安人的永久性性部落聯盟〔註3〕。

　　距今5千年前後，中國晚期的一體化聚落群團開始崛起，並具有極其重要的歷史意義。

一、史前一體化「聚落群團」的發現與相關特點

　　距今8千年以前，所有的聚落群團都屬於早期類型。一方面，它雖然是血緣組織但還不是以生產資料集體所有為基礎的生產生活的實體組織；另一方面，組織成員之間的關係也多獨立與平等；再一方面，組織狀態鬆散，聚

〔註1〕裴安平：《中國史前聚落群聚形態研究》，北京：中華書局，2014年，第68～111頁。
〔註2〕摩爾根：《古代社會》，北京：商務印書館，1997年，第120頁。
〔註3〕摩爾根：《古代社會》，北京：商務印書館，1997年，第121頁。

落之間、聚落群之間空間距離都較大。因此，這種聚落群團可稱為「鬆散型聚落群團」。舊石器時代早期河北陽原泥河灣盆地大田窪臺地群團、安徽皖東南水陽江流域宣城與寧國群團即是（圖1）。

此外，民族學資料顯示這類群團還有一個重要特點，即臨時性，如美洲印第安人，「親屬部落間的聯盟，常因暫時的緊急需要而結成，隨著這一需要的消失即告解散」〔註4〕。

圖1：河北陽原泥河灣大田窪臺地（1）與安徽皖東南水陽江流域（2）舊石器早期遺址分布圖

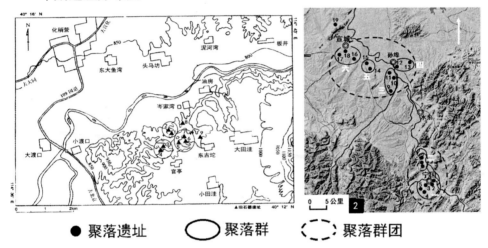

● 聚落遺址　　　◯ 聚落群　　　⬭ 聚落群団

1引自：謝飛等《泥河灣舊石器文化》；2引自：房迎三《水陽江舊石器地點群埋藏學的初步研究》。圖中虛、實線圈為本文作者所加

距今8～6千年，新石器時代中期晚段與晚期早段。為了應對人地關係緊張而導致的社會矛盾的激化，文明起源了，社會的一體化由此起步。由於當時只有聚落群是實體組織，所以社會的一體化首先從聚落群開始。從此，一方面實力成為了血緣組織內部新型的組織基礎；另一方面組織成員之間等級地位明顯分化，出現了核心聚落和從屬聚落；再一方面，超越以往的血緣輩分，出現了基於實力的統一領導和管理模式。河南新鄭唐戶裴里崗文化多聚落遺址〔註5〕就是這種變化的代表，其中核心聚落就住在環壕裏面，從屬聚落

〔註4〕恩格斯：《家庭、私有制和國家的起源》，《馬克思恩格斯選集》第四卷，北京：人民出版社，1974年，第89頁。

〔註5〕張松林：《鄭州市聚落考古的實踐與思考》，《中國聚落考古的理論與實踐》，北京：科學出版社，2010年第199頁。

就都住在環壕外面。

距今 5～4.5 千年，新石器晚期中段。由於社會矛盾進一步激化，聚落組織大型化一體化掀起了高潮，以往從未有過的永久性一體化聚落群團從此崛起，湖北京山屈家嶺、天門石家河、山東日照堯王城、安徽蒙城尉遲寺所在就是典型代表（圖 2）。

圖 2：各地史前晚期中段一體化聚落群團聚落遺址分布圖

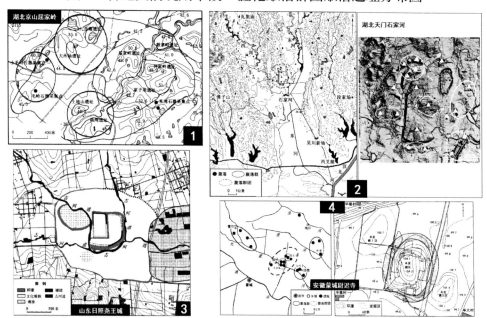

1 引自湖北省文物考古研究所等《湖北京山屈家嶺遺址群 2007 年調查報告》；2 引自湖北省文物考古研究所《大洪山南麓史前聚落調查——以石家河為中心》；3 引自梁中合《日照堯王城遺址的新發現、新收穫與新認識》；4 引自中國社科院考古所《皖北大汶口文化晚期聚落遺址群的初步考察》。圖中虛、實線圈為本文作者所加

湖北京山屈家嶺〔註 6〕，屈家嶺文化一體化聚落群團所在地，總面積 236 萬平方米，共 11 個遺址（圖 2，1），組織結構明顯可見二級。位於環壕中間的一級是群團的核心聚落群部分，70 萬平方米，一共三個聚落，分別是屈家嶺、鍾家嶺、冢子壩。位於環壕以外的就是第二級，都是從屬聚落群。

〔註 6〕湖北省文物考古研究所等：《湖北京山屈家嶺遺址群 2007 年調查報告》，武漢：《江漢考古》，2008 年，第 2 期。

　　湖北天門石家河〔註7〕，屈家嶺文化一體化聚落群團所在地，總面積約600萬平方米，共18個聚落（圖2，2），組織結構明顯可見三級。第一級，內城，為整個群團核心聚落群的核心聚落譚家嶺所在，面積26萬平方米。第二級，大城，120萬平方米，為群團核心聚落群其他成員的所在地，分別有三房灣、鄧家灣、蓄樹嶺三個聚落。第三級，環繞在城外，都是群團內其他的普通聚落群。

　　山東日照堯王城，大汶口文化晚期一體化聚落群團所在地，總面積400萬平方米（圖2，3）〔註8〕。雖然在這個範圍內具體有多少聚落至今尚不清楚，但其整體組織結構卻非常清晰，明顯可見四級。第一級，小城，即內城，20萬平方米；第二級，大城，即外城，56萬平方米；第三級，大城外西北的小環壕區域，30萬平方米；第四級，位於大環壕以內的所有其他區域。

　　安徽蒙城尉遲寺，大汶口文化晚期一體化聚落群團所在地（圖2，4）〔註9〕。組織結構可見三級。第一級，環濠聚落，濠溝以內約5萬平方米。發掘表明，這是一處只居住了一個核心聚落的單聚落遺址。第二級，核心聚落群的其他成員，都住在環濠外面。濠溝西北，即「未發掘I區」，約2萬平方米；濠溝東南，即「未發掘II區」，約1萬平方米；經過「鑽探與挖探溝實測」，它們都屬於居住類遺址。第三級，其他附近的聚落群，調查表明至少還有二群。

　　與以往「鬆散型聚落群團」和「一體化聚落群」相比，已有的發現表明，新型的「一體化聚落群團」具有六個方面鮮明的時代特點。

　　第一，一體化的組織級別和規模又上了新臺階。

　　僅就聚落的數量及組織規模而言，與以往相比，新出現的一體化聚落群團並沒有明顯的增加與擴大，如新出現的湖北屈家嶺、石家河群團，就分別只有11、18個聚落（圖2，1、2），而舊石器早期安徽水陽江流域的宣城群團就已有18個聚落（圖1，2），河北泥河灣盆地大田窪臺地群團則有9個聚落（圖1，1）。

〔註7〕湖北省文物考古研究所：《大洪山南麓史前聚落調查——以石家河為中心》，武漢：《江漢考古》，2009年，第1期；湖北省文物考古研究所：《三苗與南土》，武漢：江漢考古編輯部，2016年，第21頁。

〔註8〕梁中合：《日照堯王城遺址的新發現、新收穫與新認識》，北京：《中國社會科學院古代文明研究中心通訊》，2016年，第30期。

〔註9〕中國社科院考古所安徽隊：《皖北大汶口文化晚期聚落遺址群的初步考察》，北京：《考古》，1996年第9期。

　　但是，歷史變化的關鍵並不在於具體的聚落數量與規模，而是被一體化了的組織級別、規模和遺址數量。

　　距今 8 千年，歷史上第一代一體化聚落組織出現了，由於只涉及聚落群，所以一體化的規模一般也只涉及 3～5 個聚落。距今 5 千年左右，新出現一體化聚落群團，由於是以聚落群為組織單位，所以一方面它說明人類一體化的組織級別升級了，另一方面又說明一體化的組織規模也上了新臺階，從此也就常見以往不見的 10～20 個聚落緊密抱團相聚的群聚現象（圖 2）。

　　第二，一體化組織覆蓋的空間範圍明顯縮小了。

　　由於地廣人稀，聚落與聚落群組織成員之間社會地位都獨立平等，所以距今 5 千年以前聚落群團覆蓋的地域範圍都相當廣闊，如舊石器時代安徽水陽江流域宣城群團的覆蓋面積就接近 100 平方公里（圖 1，1），寧國群團就接近 50 平方公里（圖 1，2）。但是，聚落群團一體化以後，以往鬆散的組織模式被徹底改變了，所有的聚落群均歷史性地近距離，如安徽蒙城尉遲寺群團；或超近距離，如湖北京山屈家嶺、天門石家河群團；或零距離，如山東日照堯王城群團，抱團相聚。因此，湖北京山屈家嶺聚落群團，11 個聚落才 236 萬平方米，即 2.36 平方公里；天門石家河聚落群團，18 個聚落才 600 萬平方米，即 6 平方公里。安徽蒙城尉遲寺所在一體化聚落群團，雖然各聚落群並未超近距離的環繞在核心的周圍，但其內部聚落、聚落群之間的分布密度仍明顯超過了周邊其他聚落組織（圖 2，4）。

　　第三，聚落群開始成為了聚落組織的核心。

　　距今 8～5 千年期間，由於崛起的都是一體化的聚落群，所以它只有一級組織核心，即單個的核心聚落。正因此，當時所有的城址、環壕（濠）遺址都屬於單聚落遺址〔註10〕。但是，距今 5 千年左右，隨著一體化聚落群團的崛起，群團內的核心都升級成了聚落群。這是一個歷史性的變化，它不僅導致核心的組織單位升級了，聚落群整體都成為了核心，如湖北京山屈家嶺，環濠之內的就是整個核心聚落群的三個聚落（圖 2，1）；而且還導致核心也開始出現了分級。核心聚落群的核心聚落就是一級核心，核心聚落群的其他聚落成員就是二級核心，如湖北天門石家河（圖 2，2）、山東日照堯王城（圖 2，3）。此外，各級核心的待遇也互不相同，其中一級核心就住在小城裏，二級

〔註10〕裴安平：《中國的家庭、私有制、文明、國家和城市起源》，上海：上海古籍出版社，2019 年，第 592～604 頁。

核心就住在大城裏。

第四，聚落之間、聚落群之間的等級地位分化不僅明顯，而且層次更多。

距今 8 千年以前，由於社會基本上是一個自然、獨立、平等的血緣社會，聚落群即部落就是當時生產生活的實體組織，自然的長輩就是部落的領導，一切都聽長輩的；所以當時的聚落群和聚落群團內部都不見各組織成員的地位高低分化，也不見核心和隨從。

距今 8 千年開始，隨著文明的起源，聚落群首先開始一體化。在實力的基礎上，部落內各成員出現了明顯的地位等級二級分化，一級是核心，另一級是隨從。

距今 5 千年左右，隨著一體化聚落群團的出現，社會一體化和社會組織的等級分化都同時上升到了歷史的新高度。一方面，聚落群整體歷史性地成為了核心的組織單位；另一方面，非核心成員也出現了明顯的等級地位分化，從而標誌社會結構的「金字塔型」已現雛形。其中，湖北天門石家河就是可見三級的代表（圖 2，2），山東日照堯王城就是可見四級的代表（圖 2，3）。

第五，歷史上首次用內外城的形式來標誌一、二級核心地位的不同。

距今 8～6 千年期間，隨著聚落群一體化的不斷深入，標誌實力與地位的聚落遺址的結構形式也在不斷更新。其中，距今 8～6.5 千年，核心的典型代表是長年無積水的環壕聚落，河南新鄭唐戶裴李崗文化遺址即是〔註 11〕；距今 6.5 千年，核心的典型代表新出現了常年有積水的環濠聚落，湖南澧縣城頭山湯家崗文化遺址即是〔註 12〕；距今 6 千年，核心聚落的典型代表新出現了擁有濠溝加城牆雙重防禦設施的城址，湖南澧縣城頭山大溪文化城址即是〔註 13〕。但是，由於當時一體化的組織全部都是聚落群一級的，所以一方面核心就只有一級；另一方面，所有的核心都是單聚落遺址；再一方面，所有的城址都只有一圈城牆與壕（濠）溝。

距今 5～4.5 千年，隨著一體化聚落群團的出現，聚落社會以實力為基

〔註 11〕 張松林：《鄭州市聚落考古的實踐與思考》，《中國聚落考古的理論與實踐》，北京：科學出版社，2010 年，第 199 頁。

〔註 12〕 郭偉民：《澧縣城頭山考古發現史前城牆與城濠》，北京：《中國文物報》，2002 年 2 月 22 日，第 1 版。

〔註 13〕 湖南省文物考古研究所：《澧縣城頭山》，北京：文物出版社，2007 年，第 84 ～163 頁。

礎的等級地位分化日趨明顯和細化,聚落組織的核心成為了社會等級地位分化的重點。一方面,核心由以往的單聚落升級成為了聚落群,因而出現了一批多聚落的大型核心遺址和城址,湖北京山屈家嶺就是環濠以內住著核心聚落群的大型遺址的代表(圖2,1),湖北天門石家河就是城內住著核心聚落群的大型城址的代表(圖2,2)。另一方面,為了突出核心聚落群內部不同聚落的不同地位,又出現了內外城的雙城城址,核心聚落群的核心,也就是聚落群團的一級核心就住在小城即內城裏,核心聚落群的其他成員,也就是聚落群團的二級核心就住在大城即外城裏,山東日照堯王城即如此(圖2,3)。

第六、聚落遺址、城址內涵日趨複雜、多樣、大型、高檔化。

由於一體化聚落群團的崛起,核心聚落群的出現,從而使個別遺址、聚落與壕(濠)溝、城址的內涵日趨複雜化、多樣化、大型化、高檔化。

一方面,距今5千年以前,所有的城址規模都不超過20萬平方米,因為都是單聚落城址。距今5～4.5千年,由於核心聚落群的需要,又由於住進去的聚落越來越多,所以城址出現了大型化的趨勢,20～100萬平方米的城址比比皆是。

另一方面,距今5千年以前,所有的城址與核心聚落都屬於聚落群一級,雖然一體化了,但實力仍然有限;因此,所有城址與核心聚落內部都少有高檔的建築和物品。距今5～4.5千年,由於有的城址與核心已開始屬於一體化的聚落群團,能夠匯聚的實力,即人力、物力遠超以往,因而不僅城址與核心所在遺址營建規模擴大了,結構複雜了;而且城址與核心所在遺址的內含即建築與物品也日漸高檔化。湖北天門石家河大城內鄧家灣遺址的祭祀遺跡〔註14〕就是建築高檔化的代表,而京山屈家嶺遺址中發現的大量彩陶紡輪,以及薄如蛋殼的蛋殼彩陶〔註15〕就是物品高檔化的代表。尤其令人人注目的是安徽含山凌家灘,更是當時核心聚落遺址內遺跡與物品都同時高檔化的突出代表(圖3,2、3)〔註16〕。

〔註14〕 湖北省文物考古研究所等:《天門石家河考古報告之二:鄧家灣》,北京:文物出版社,2003年,第28、46、138頁。

〔註15〕 中國科學院考古研究所:《京山屈家嶺》,北京:科學出版社,1965年,第34、57頁。

〔註16〕 安徽省文物考古研究所:《凌家灘——田野考古發掘報告之一》,北京:文物出版社,2006年,第29、46、138頁。

二、史前一體化「聚落群團」崛起的歷史意義

就人類社會的發展而言，史前一體化聚落群團的崛起主要有四個方面的歷史意義。

（一）標誌人類歷史上第一代政治組織的誕生，改變了人類社會的組織方式

文明「是實踐的事情，是一種社會品質」〔註17〕，是人類社會發展的高級階段，也是人類社會組織方式、生產方式、生活方式的不斷進步與變革。

歷史的發展還表明，社會的一體化就是文明起源的關鍵和主要內容，而一體化進步與變化的關鍵又在於社會組織方式與規模的不斷進步與擴大。其中，第一代政治組織的誕生既是社會組織方式的根本性變革與規模的大型化，也是血緣社會血緣組織過渡轉變為地緣社會地緣組織之間的關鍵環節與階段。

所謂政治組織，就是為了共同的利益和追求，在實力的基礎上形成的具有集中統一領導和管理特徵的組織。考古表明，史前一體化的聚落群團就是人類歷史上最早的第一代政治組織。

新石器時代中期及以前，人類社會就是自然的血緣社會，所有的社會組織都是基於自然血緣關係的血緣組織。其中，擁有直系血緣關係的部落就是生產生活的實體，不僅規模很小，各成員之間的關係也都獨立平等，管理也都是「長輩說了算」。

距今約 8 千年，文明起源了，文明帶給社會最大的也是最重要的變化就是社會組織方式的變化，就是社會組織的一體化。但是，早期一體化的聚落群還不是政治組織，而只有距今 5 千年左右誕生的一體化聚落群團才是。

有四個方面的理由。

第一，一體化聚落群團是歷史上第一個因為「整合」而產生的社會組織。

由於人口的增長與生產能力不足的侷限，距今 5 千年以前，就像美洲印第安人一樣，社會「最突出的特色就是有著大量獨立的部落」，而且還是「由於自然的分裂過程造成的」〔註18〕。

但是，與以往不同，一體化聚落群團的誕生不是因為「分裂」而是歷史

〔註17〕恩格斯：《英國現狀‧十八世紀》，《馬克思恩格斯全集》第 1 卷，北京：人民出版社，1956 年，第 666 頁。
〔註18〕摩爾根：《古代社會》，北京：商務印書館，1997 年，第 101 頁。

上第一個因為「整合」而形成的社會組織,是將以往「分裂」出去的部落又重新聚集組織成為的一種新型組織。

第二,一體化聚落群團是歷史上第一個永久性跨部落的大型實體組織。

新石器時代中期及以前,雖然當時也存在基於血緣的聚落群團即部落聯盟,但都是臨時的,都不是人們賴以生存的生產生活的實體組織,且「常因暫時的緊急需要而結成,隨著這一需要的消失即告解散」〔註19〕。因此,一體化聚落群團的出現就意味著一種全新的人類組織誕生了。誠如恩格斯所言:美洲印第安人「在個別地方,最初本是親屬部落的一些部落從分散狀態中又重新團結為永久的聯盟」〔註20〕。這種聯盟整體與以往最大的區別,也是以往從來不見的特點,一是跨部落,二是大型化,三是永久性,四是新型的生產資料群團所有的生產生活實體。

第三,一體化聚落群團是歷史上第一個主要以實力為基礎的聚落組織。

距今約 8 千年,實力的作用已在一體化聚落群中得到了明顯的體現。但是,它的所有組織成員還是原來自然部落即聚落群的成員,因而它們的組織性質依然還是自然的血緣組織。但是,距今 5 千年前後,隨著人地關係的進一步緊張與擴大,以往自然獨立的血緣紐帶和血緣組織已無力應對。於是,為了捍衛共同的利益就必須整合起來組成新型一體化的實體組織。然而,又有誰有資格來主導這種組織的一體化呢?顯然,新的歷史背景和需求選擇了實力,因為只有實力對內才能使其他成員服從他的領導並擰成一股繩,對外才能率領眾人生死與共為利益而奮勇拼搏。雖然一體化聚落群團各成員之間還有一定的血緣關係,但實力已歷史性地高於血緣紐帶成為了聚落組織最重要的新型組織紐帶,那些核心聚落和聚落群所擁的深壕(濠)與高牆就正是這種實力的最好體現。

第四,在一體化聚落群團內部原部落即聚落群的獨立性都已放棄和基本喪失。

由於以往的部落即聚落群一直是人類社會最主要的獨立、平等、各自為政的生產生活實體,所以「絕大多數的美洲印第安人,都沒有超過聯合為部

〔註19〕恩格斯:《家庭、私有制和國家的起源》,《馬克思恩格斯選集》第四卷,北京:人民出版社,1974 年,第 89 頁。

〔註20〕恩格斯:《家庭、私有制和國家的起源》,《馬克思恩格斯選集》第四卷,北京:人民出版社,1974 年,第 89 頁。

落的階段」〔註21〕，部落「有自己的地區和自己的名稱。每一部落除自己實際居住的地方以外，還佔有廣大的地區供打獵和捕魚之用。在這個地區之外，還有一塊廣闊的中立地帶，——直延伸到鄰近部落的地區邊上」〔註22〕。但是，為了在激烈的矛盾與衝突中捍衛自己的利益，以往的聚落群開始整合成為了永久性一體化的部落聯盟即聚落群團。為此，以往聚落群所擁有的生產資料，以及獨立與平等關係也都大部放棄和喪失。湖北京山屈家嶺、天門石家河、山東日照堯王城、安徽蒙城尉遲寺，那些普通的從屬聚落和聚落群之所以都近距離、超近距離、零距離抱團相聚在核心的周圍，就是它們捨小家組大家的最好證明。

應該指出的是，一體化聚落群團以上不同以往的時代特點，也正是人類社會組織方式發生了重大變化的反映和象徵。

（二）推動了血緣社會腦力勞動與體力勞動及早期「城鄉」的社會分工，改變了人類社會的生活方式

長期以來，學術界就認為人類社會之所有會出現體力勞動與腦力勞動的分工，一方面與社會的生產力水平有關，與「剩餘勞動」、「剩餘產品」有關，因為沒有生產力的發展就沒有「剩餘勞動」和「剩餘產品」，而沒有「剩餘勞動」和「剩餘產品」就不可能有專門從事腦力勞動的人分離出來；另一方面就是與階級和階級壓迫有關，「從事單純體力勞動的群眾同管理勞動、經營商業和掌管國事以及後來從事藝術和科學的少數特權分子之間的大分工。這種分工的最簡單的完全自發的形式，正是奴隸制」〔註23〕。

對此，中國的史前考古表明，腦力勞動與體力勞動的分工的確與生產力的發展有關，與農業的「剩餘勞動」和「剩餘產品」有關。不過，這裡的「剩餘勞動」和「剩餘產品」全部都只屬於特定的血緣組織，而不是泛泛的地緣社會；腦力勞動與體力勞動的分工也是血緣組織內部的分工，而不是泛泛的地緣社會的分工。

與此同時，中國的史前考古還表明，腦力勞動與體力勞動的分工完全與

〔註21〕恩格斯：《家庭、私有制和國家的起源》，《馬克思恩格斯選集》第四卷，北京：人民出版社，1974 年，第 89 頁。

〔註22〕恩格斯：《家庭、私有制和國家的起源》，《馬克思恩格斯選集》第四卷，北京：人民出版社，1974 年，第 87 頁。

〔註23〕恩格斯：《反杜林論》，《馬克思恩格斯選集》第 3 卷，北京：人民出版社，1974 年版，第 221 頁。

階級和階級壓迫毫無關係，而是文明起源與社會文明化的結果，是血緣組織利益一體化，跨部落政治組織的出現及其內部管理機制變革的結果。

對此，湖北天門石家河屈家嶺文化聚落群團就是一個很好的例子。

由於當時整個群團的規模較大，又由於核心聚落所具有的實力和權利，所以當地核心聚落最主要的工作就是整個聚落群團的集中統一領導和管理。其中，譚家嶺遺址所在內〔註24〕不僅是核心聚落的所在地，而且也是政治中心，是從事腦力勞動的中心，是中國史前「城鄉」最早分工開端的標誌。

雖然當時城內城外的聚落都屬於同一個擁有血緣關係的組織，也沒有一個具有地緣社會「城」與「鄉」的意義，也沒有出現分別以手工業或農業為生產重點的地緣化產業分工。但是，在一體化的聚落群團內部，核心聚落的地位與分工，則確實導致了最早的腦力勞動與體力勞動的分工，也由此啟動了中國最早的基於血緣社會的「城鄉分工」。

顯然，這種一體化的組織模式與城鄉分工也同步改變了以往只關注聚落群，只服從聚落群，只為聚落群盡力，只在聚落群內「族外婚」，只在聚落群內交往的傳統生活方式。

（三）血緣組織內部分工的拓展，改變了人類社會的生產方式

人類歷史上第一次社會分工就發生在距今 8000 前後，隨著人與人等級地位的分化，以及標誌等級地位的「奢侈品」的出現，專門生產「奢侈品」的特殊手工業也出現了。從此，聚落群內部就出現了特殊手工業與普通手工業的分工，出現了農業與特殊手工業的分工，興隆窪文化玉器的出現就是典型標誌。對此，蘇秉琦先生曾說過：「沒有社會分工生產不出玉器，沒有社會分化也不需要禮制性的玉器」〔註25〕。

距今 5000～4500 年，隨著一體化聚落群團的出現第二次社會分工又發生了，也同步將以往小集體的生產方式改變成了大集體的生產方式，並有三大亮點。

第一，生產資料聚落群團大集體所有。

這是一個歷史性的變化。考古發現，一體化的聚落群團之所以能夠實行近距離、超近距離，或零距離抱團相聚的組織模式，並實行全團的統一領導

〔註24〕湖北省文物考古研究所：《三苗與南土》，武漢：江漢考古編輯部，2016 年版，第 31 頁。
〔註25〕蘇秉琦：《關於重建中國史前史的思考》，北京：《考古》，1991 年，第 12 期。

和管理，關鍵就在於所有各聚落群成員都放棄和喪失了以往生產資料的所有權和獨立平等的社會地位，從而為新的生產資料大集體所有制，為一體化聚落群團成為了歷史上第一代跨部落永久性生產生活實體組織奠定了政治與經濟基礎。

第二，分工的範圍擴大了，並歷史性地越過了部落的侷限。

距今 8 千年左右，血緣組織內部的分工之所以都侷限於部落與聚落群內部，因為當時部落聯盟都是臨時性的，只有部落與聚落群才是生產生活的實體組織。但距今 5 千年左右，隨著人類社會組織以及生產資料所有者的大型化一體化，以及部落和聚落群獨立性的放棄和喪失，分工自然就出現在了新型的生產生活實體組織之中。這一變化雖然悄無聲息，但卻是歷史性的，並由此揭開了參與社會分工的範圍隨社會組織的擴大而越來越大的歷史序幕。

第三，分工更全更細。

分工更全更細實際就是分工的門類與分工的內容和層次越來越多。

以湖北天門石家河為例。

農業內部的分工：由於當時整個聚落群團相聚的區域總共僅約 6 平方公里，平均每一個聚落最多只佔有 30 萬平方米，僅相當現代 439 畝。因此，在土地如此稀少的前提下要養活聚落群團所有的人就必須向外拓展。為此，不同聚落的耕作區域，面積大小，水資源的協調與利用，收穫的集中與分配等等，都必須要分工與合作。

手工業內部的分工：位於大城西北屬於核心聚落群成員的鄧家灣遺址就曾發現過幾處屈家嶺文化時期用大陶缸狀筒形器與塔形筒形器相套排列的祭祀遺跡。其中，有的陶缸上還有刻畫符號〔註26〕。這就說明那些大陶缸和塔形陶器的生產完全可能是陶器製作出現分工的結果，說明有的陶器製作已經不再屬於為普通聚落成員服務的普通手工業，而是進入了專門為祭祀，為貴族與貴族政治服務的特殊手工業的行列。

（四）出現了與第一代政治中心相適應的物質遺存

隨著一體化聚落群團的出現，史前社會也出現了歷史上第一代政治中心。

〔註26〕湖北省文物考古研究所等：《鄧家灣》，北京：文物出版社，2003 年，第28～33 頁。

特別值得注意的是，伴隨著第一代政治中心的出現，聚落社會還曆史性的第一次出現了與政治中心相適應的物質遺存。又由於跨部落的一體化，可以匯聚的各種資源與人力、物力都達到了一個新的高度，從而為這類物質遺存的出現提供了可能。

考古發現，這類遺存主要包括了以下三個方面。

第一，出現了大型遺址和城址，以及內外配套的雙城城址。

從距今 5 千年左右開始，中國史前的遺址和城址之所以都出現了大型化的趨勢，並同時出現了內外配套的雙城城址。實際上，這種變化的關鍵就在於聚落組織核心的等級和規模都升級了，由以往的單聚落升級為聚落群，由以往只有一級核心變成了二級核心，所以遺址、城址的規模與結構都發生了重大變化。湖北京山屈家嶺 70 萬平方米的環濠遺址（圖 2，1）就是大型遺址出現的代表；湖北天門石家河 120 萬平方米的城址（圖 2，2）就是城址規模大型化並出現內外雙城城址的代表。

第二，出現了大型的宮殿和禮儀基址。

為了突出核心的地位，突出政治中心的地位與作用，突出跨部落統一領導和管理的合理性，史前遺址裏面除了第一次出現了大型宮殿以外，還第一次出現了大型祭壇及禮儀基址。

對此，河南鞏義雙槐樹遺址就是代表（圖 3，1），該遺址屬仰韶文化中晚期，最早年代 5 千年左右〔註 27〕。

遺址除了發現了三重大型環壕，顯示是一個多聚落及一個聚落群居住的遺址以外，還發現了可能係宮殿所在的採用版築法夯築而成的大型連片遺跡，以及三處規模不等的夯土祭祀臺遺跡（圖 3，1）。

第三，出現了貴族、禮器與貴族大墓

所謂「貴族」就是脫離了普通生產生活勞動並握有一定權利和財富的人員。所謂「禮器」就是可以標誌貴族之間相互地位和財富差距的物品。

距今 5 千年左右的安徽凌家灘遺址就是這方面變化的代表，並同步發現了大規模的禮儀建築祭壇、貴族、禮器和貴族大墓〔註 28〕。

〔註 27〕蘇湲：《發現河洛古國》，廣州：《南方周末》，2020 年 6 月 4 日，《文化觀察》版；王丁等：《「河洛古國」掀起蓋頭，黃帝時代的都邑找到了？》，北京：《新華每日電訊》，2020 年 5 月 8 日，第 9 版。

〔註 28〕安徽省文物考古研究所：《凌家灘——田野考古發掘報告之一》，北京：文物出版社，2006 年，第 29、46、138 頁。

　　祭壇，面積約1200平方米，高約1米，位於整個遺址地勢的最高處，充分顯示了這個建築至高無上的地位。

　　貴族大墓，不僅距離祭壇最近，而且墓坑也大，隨葬物既高檔、精美，又充滿了宗教的神秘。其中，87M4與87M15就是這方面的突出代表。

圖3：河南鞏義雙槐樹遺址（1）、安徽含山凌家灘87M4、87M15（2）平面圖

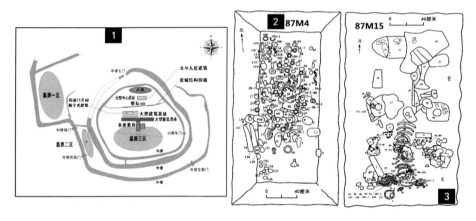

1 引自《新華每日電訊》：《「河洛古國」掀起蓋頭，黃帝時代的都邑找到了？》；
2、3 引自安徽省文物考古研究所《凌家灘──田野考古發掘報告之一》

　　87M4，墓中共隨葬玉器103件（組）（圖3，2）；87M15，共隨葬玉器94件（組）（圖3，3）。根據玉器的種類與數量，發掘者認為：「87M4主要隨葬的是代表神器的玉龜、玉版、三角形飾、玉勺等和代表兵權的器物玉鉞、玉斧，這表明87M4墓主人神權和兵權兩種職能集於一身」。「87M15隨葬玉璜30件，是中國新石器時代墓葬中隨葬玉璜數量最多、玉質和形狀最豐富的墓葬，玉璜象徵身份、地位、象徵統帥的王權。同時組合器物有玉管49件，玉管與玉璜相配，相得益彰，顯示豪華，再加3件冠飾，突出至高無上的統帥地位，玉冠飾的出現首次展示中國王權象徵的風采。標誌人文禮儀制度的誕生，象徵以人為本的禮儀等級的出現」。

　　這說明，當時的聚落社會已經出現了史前第一批「貴族」，而且還已經完全脫離了各種具體的生產活動而專門從事「腦力勞動」。在他們的墓裏，一是奢侈品的數量遠遠超過了其他普通種類的器物，如普通的陶器普通的石器；二是雖然也有普通的生產工具，但這些工具並沒有使用痕跡，並不是真正的實用器，而僅是表現了領導對普通勞動的重視，是一種象徵物。

三、有關問題的討論

這裡將討論與史前一體化聚落群團崛起和認識有關的三個問題。

（一）中國史前不存在「區域聚落形態」與「酋邦」

20 世紀以來西方歐美的考古學經歷了二個特點非常鮮明的階段。二次大戰以前，流行馬克思主義，並出現了著名的馬克思主義考古學家，澳裔英籍戈登‧柴爾德就是代表。但是，二次大戰以後，這類風氣與學者至今根本不見。究其原因，關鍵就因為當時崛起了一大批社會主義國家，使西方資本主義國家非常緊張，於是就要與馬克思主義劃清界限，人類學、考古學就要劃清與馬克思主義關於社會發展和國家起源理論的界限。從此，西方人類學、考古學就自覺不自覺地走上了一條架空或另築史前社會形態之路。

受這一變化影響最大的就是美國的路易斯‧亨利‧摩爾根。由於他的《古代社會》受到了馬克思、恩格斯的重視，並成為了馬克思主義社會發展與國家起源理論的重要基礎；所以他，雖然並不認識也沒有受馬克思、恩格斯的影響，但他在書中關於人類早期血緣社會形態與組織、組織形態的研究成果卻受到了普遍的質疑並被束之高閣。為什麼同為美國人的戈登‧威利關於秘魯維魯河谷史前聚落形態的研究，以及此後興起並流行於西方的「區域聚落形態」都竭力迴避氏族、部落、部落聯盟等人類早期血緣組織的名稱與概念，甚至不惜用現代地緣社會學的思想、概念和名稱來研究史前社會，將古人從來沒有見過的「社區」和「社群」等組織形態都套在古人頭上，還用以描述歷史？顯然，這樣做的結果不僅全盤否定了馬克思主義與摩爾根有關研究的合理性，還以假亂真，徹底改變了歷史的原貌。

然而，令人不解的是，20 世紀 90 年代以後，「區域聚落形態」理論不僅被中國考古學毫無顧忌的引進成為了「文明探源」的主要理論方法，還完全本土中國化了，一是區域內哪個規模面積大還特別有內涵哪個就是王，二是「重點地區」出現了「中心聚落」與「衛星聚落」。

2006 年，王巍先生在《聚落形態研究與中華文明探源》〔註29〕一文中指出：史前「重點地區的中心聚落（包括古代都城）。它往往是當時的政治中心、經濟中心和文化中心，最能反映當時社會各方面的狀況。對中心聚落（包括夏商周時期的都城）的研究，理所當然地成為我們研究中國古代文明起源的

〔註29〕王巍：《聚落形態研究與中華文明探源》，北京：《文物》，2006 年，第 5 期。

重點」,「出於為中心聚落中的顯貴們服務的需要……衛星聚落一般都位於中心聚落的周圍……」。

然而,王巍先生並沒有說清楚什麼是「重點地區」,衡量重點地區的標準是什麼?也沒有說清楚「中心聚落」是血緣社會的,還是地緣社會的?是血緣或地緣社會中哪一級的?更沒有說清楚「中心聚落」與「重點地區」,與政治、經濟和文化中心的關係?為什麼無論血緣和地緣的「中心聚落」都是「重點地區」的政治、經濟、文化中心的歷史原因?

顯然,這是根本不考慮史前血緣社會復原問題而一味用地緣社會才有的「區域」觀念和思想來理解古人和歷史的研究方法與思路,也是目前中國聚落考古和文明探源工程最失真的方法與思路,只要是大遺址,只要是裏面有大型宮殿、祭壇、大墓、禮器等「內涵」,就是「重點區域」的「政治、經濟、文化中心」,就是區域的「王」,就與「古國」有關。至於這些「中心聚落」如何與復原史前社會聯繫起來根本無人問津。

實際上,中國的史前考古表明〔註30〕,史前就是血緣社會,要研究這一段歷史,關鍵是要以人為本先復原歷史,然後才可以研究歷史。否則,永遠也不可能合理科學地認識和理解遺存與歷史的關係。

「酋邦」理論也是二次大戰以後興起的關於史前社會與國家起源的重要理論。有三個要點:一是認為人類社會經歷了遊群、部落、酋邦、國家四個連續發展的階段;二是認為酋邦是史前社會與國家之間過渡階段的社會組織;三是酋邦主要是地緣化的組織。

不過,中國的舊石器時代考古早已證明,從舊石器早期開始,在史前人類的居住遺址之間就存在一種明顯按血緣關係近距離相聚的群聚現象(圖1),這種現象就說明,人類從來就沒有出現過以孤獨的「遊群」或「遊團」為主要社會組織的歷史階段。

又由於自有人類以來,一直到史前晚期距今約 5 千年,部落一直都是人類社會最主要的生產生活的實體組織與組織單位。因此,在人類的歷史上也就根本不存在一個位於「遊群」之後才出現的「部落」時代。

距今 8∼5 千年期間,為了應對人地關係和人與人之間關係的日趨緊張,文明起源了,以往獨立分散的血緣組織也踏上了以實力為基礎整合一體化的不歸路,並先後出現了早晚擁有繼承與發展關係的一體化聚落群和聚落群團。

〔註30〕裴安平:《中國史前聚落群聚形態研究》,北京:中華書局,2014 年。

然而，卻沒有一種是史前社會與國家之間的唯一過渡階段，也沒有一種與「酋邦」相似，更沒有一種是地緣化的組織。

距今 4.5 千年以後，中國就出現了古國，因此「酋邦」也不可能在一體化聚落群團的後面成為史前與國家出現之間的過渡形態和過渡階段。

值得注意的是，中國古代文獻中也從來沒有出現過稱為「酋邦」的組織。

顯然，當代西方流行的「區域聚落形態」與「酋邦」理論，既不不先進，也與中國的歷史完全不符〔註31〕。

（二）中國史前不存在「多元一體」結構

1997 年，蘇秉琦先生正式就中國的文明起源提出了「滿天星斗」的理論與學說〔註32〕，其基本的要義就是，中國文明的起源是「多元」的，各地都對中國文明的起源有自己平等獨立和獨特的貢獻。

蘇先生的理論雖然並沒有將文明與國家的起源區別開來，但是他的思想還是實實在在地科學地揭示和概括了中國文明起源的一個基本特點，為中國文明起源的深入研究與探討提供了一種理論與方法，提供了一種新的思想與視角。

中國地域遼闊，地形地貌氣候環境多樣特點突出，各地水文、土壤和植被的差異也極大，這不僅造就了各地考古學文化的多樣性，實際也促使文明起源各地自有不盡相同的特點。如長江流域起源的農業基礎就是稻作，黃河流域就是粟作，北方長城地帶就是黍作。

不過，也有一些學者和專家在強調文明起源「多元」的時候，還特別重視「一體」的問題，認為中國歷史的「中原中心」現象早就出現了。對此，還有一些專家從自然地理位置的中心性，中原文化的吸引力，以及中國史前各地文化的向心性結構等方面，論證了中國考古學文化與文明起源「多元一體」的形成原因和特徵〔註33〕。

不過，歷史與考古的發現共同表明，相似的自然地理條件與經濟只能造就相似的文化，但造就不出地區性的文化「中心」，更造就不出發展「中心」

〔註31〕 裴安平：《中國考古與酋邦》，《湖南省文物考古研究所建所三十週年紀念文集》，北京：科學出版社，2016 年，第 70 頁。

〔註32〕 蘇秉琦：《中國文明起源新探》，北京：商務印書館，1997 年，第 85～106 頁。

〔註33〕 嚴文明：《中國史前文化的統一性和多樣性》，北京：《文物》，1987 年，第 3 期；趙輝：《以中原為中心的歷史趨勢的形成》，北京：《文物》，2000 年，第 1 期。

和政治「中心」。此外，具有某種人類共同體性質的以中原為中心的「多元一體」現象，雖然曾經發生過，但既不是自古就有，也不是一直都有〔註34〕。

第一，考古學文化是物質文化，既不會說話也不會運動，一個地區與另一個地區的文化關係都是人類有關活動的結果。因此，在擁有考古學文化的人與組織沒有要實現「多元一體」願望與追求之前，社會永遠也不會形成「多元一體」的現象與文化結構。

第二，史前社會是血緣社會，社會組織的基本特點就是獨立平等，沒有文明的起源和國家的誕生，永遠也不可能消除人與人之間的血緣與民族隔閡，並形成具有某種人類共同體性質的「中原中心」的「多元一體」現象。

此外，考古發現還證明，雖然中原的地理位置有利於它成為中心，但它卻從未成為過中國史前社會發展的中心，不僅史前最早的農業不在中原，最早的彩陶不在中原，最早的城址不在中原，最大的城址不在中原，而且最有「內含」的城址也不在中原。此外，距今5000～4500年，中原還遭到了外地人的大肆入侵。其中，長江中游的屈家嶺文化，由南向北；山東地區的大汶口文化，由東向西，幾乎佔據了整個河南的2/3〔註35〕。這充分說明自然地理位置的中心性並不是使人服從並共建「多元一體」歷史中心的原因。

第三，中國的歷史早就表明，具有某種人類共同體性質的「中原中心」現象是從夏商周以後才開始逐漸形成的，因為當時中原崛起了中國歷史上第一代實體民族以及第一代實體民族國家，從而導致中原成為實力最強的地方，導致中原成為征伐各地引發區域和民族矛盾的地方，也導致中原成為各地爭奪的地方。但是，戰國七雄多數都在中原以外，而且最後一統天下的是西部的秦國。顯然，這又說明秦漢以前中國的歷史發展也不存在持續不斷地以中原為中心的特殊現象。

第四，元明清的歷史更明確地告訴人們，具有某種人類共同體性質的「中原中心」現象只是中國歷史中的一個片段。一方面，秦漢以前沒有定型；另一方面，元明清以後，無論政治與經濟中心，都出現了東移北移的現象。

正因此，不能放大了「中原中心」現象的歷史意義，也不能將以中原為

〔註34〕本書‧二：《中原成為中國古代發展中心的原因──質疑王巍先生中國史前的「多元一體」觀》，第115～126頁。

〔註35〕孫廣清：《河南境內的大汶口文化和屈家嶺文化》，鄭州：《中原文物》，2000年，第2期。

中心的一段「多元一體」現象視為中國歷史經久不衰的演變規律。

事實證明，距今 4500 年以前，長江中游地區一直是中國史前社會晚期發展的領跑者。

距今 6000～5000 年期間，中國史前第一座古城就崛起在長江中游湘西北澧陽平原的城頭山上，而且具體的年代還遠遠早於中原地區。此後，相繼崛起的城址還共同表明長江中游地區是全國早期古城最多的地區，佔了當時全國史前城址數量的 3/4。

距今 5000～4500 年期間，長江中游地區又崛起並擁有了長江黃河流域各地數量最多的古城，以及作為一體化聚落群團核心的古城。與此同時，黃河中游一座類似的新城都沒有。

在規模上，長江中游地區 14 座古城共有面積 488.8 萬平方米，平均每一座擁有 34.91 萬平方米。與此同時，長江中游還擁有全國數量最多的一體化聚落群團，最多的核心聚落群全體成員都住在一起的城址〔註36〕。

顯然，以一體化聚落群團及其核心城址的崛起為代表，充分說明社會的一體化以及「多元一體」現象的出現就是社會的文明化及其過程的結果，而長江中游地區才是那一段文明化歷史與過程真正的旗手和領跑者。

（三）「河洛古國」值得商榷

在專家們的支持下〔註37〕，河南鞏義雙槐樹仰韶文化遺址不僅成為了「河洛古國」所在地，還因此入選了 2020 年度國內十大考古新發現〔註38〕。

為什麼要將雙槐樹遺址命名為「河洛古國」所在地呢？主要理由有三點。

第一，面積大。

是仰韶文化時期從鄭州到洛陽這一廣大地區面積規模最大的「巨型」聚落遺址，達 117 萬平方米。

第二，特別有內涵。

遺址發現了仰韶文化中晚階段三重大型環壕、封閉式排狀布局的大型中心居址、採用版築法夯築而成的大型連片塊狀夯土遺跡、三處經過嚴格規劃

〔註36〕裴安平：《中國史前聚落群聚形態研究》，北京：中華書局，2014 年，第 420～430 頁。
〔註37〕蘇湲：《發現河洛古國》，廣州：《南方周末》，2020 年 6 月 4 日，《文化觀察》版。
〔註38〕秦華等：《鞏義雙槐樹遺址入選全國十大考古新發現》，鄭州：《鄭州日報》，2021 年 4 月 14 日，第 2 版。

的大型公共墓地、三處夯土祭祀臺遺跡等（圖3，1）。

第三，是區域性的中心。

這是一處經過精心選址和科學規劃的都邑性聚落遺址，周邊洛陽地區的蘇羊、土門，鄭州地區的青臺、汪溝、西山、點軍臺、大河村等仰韶文化遺址和城址都對雙槐樹形成拱衛之勢（圖4，1）〔註39〕。

至於雙槐樹遺址的意義，一方面實證了距今5000年前後是中華文明起源的黃金階段，河洛地區是當時最具代表性和影響力的文明中心；另一方面，以雙槐樹遺址為中心的仰韶文化中晚期文明，不僅是黃河文明之根，早期中華文明的胚胎，還是黃帝時代的都邑所在，凸顯了它在中華文明的中心地位和仰韶文化中晚期黃河流域的政治文明核心地位。

然而，聚落群聚形態的研究卻表明，「河洛古國」是現代中國考古學研究假大空的典型代表，是現代中國史前考古一方面發現精彩不斷，可另一方面卻研究的泡沫連天飛的惠外秀中的典型代表。

根據已有的調查資料，鞏義雙槐樹遺址所在僅僅只是一個一體化永久性的聚落群團。

由圖4（2）可見，該群團至少有10個聚落遺址，3個聚落群。其中，雙槐樹所在就是核心聚落群所在的遺址。根據遺址平面圖可知，遺址內共有三處墓地，各自不僅獨立性明顯，而且面積巨大。其中，「墓葬一區」、「墓葬三區」面積都在1萬平方米以上。由於史前血緣社會既有聚族而居的傳統，也有聚族而葬的傳統，所以這些墓區同時同規模的獨立存在，很可能就是核心聚落群內不同氏族的墓地。「墓葬三區」，不僅位於遺址中心部位，而且還有重要墓葬，並距離大型建築基址很近，所以應該就是聚落群內核心聚落的墓地。

類似雙槐樹這樣的遺址在國內已發現很多，僅長江中游距今5～4.5千年期間的屈家嶺文化就不少於4例〔註40〕，其中京山屈家嶺、天門石家河可稱代表。發掘還表明，它們與雙槐樹完全是同一性質的遺址，都是核心聚落群集體居住的多聚落遺址。

顯然，上述遺址屬性的相似性表明，雙槐樹遺址與其他遺址都處於相似

〔註39〕 王丁等：《「河洛古國」掀起蓋頭，黃帝時代的都邑找到了？》，北京：《新華每日電訊》，2020年5月8日，第9版。

〔註40〕 裴安平：《中國的家庭、私有制、文明、國家和城市起源》，上海：上海古籍出版社，2019年，第610～617頁。

的歷史階段，其之所以會出現許多以前從未見過的遺跡的原因，並不是因為它成為了河洛古國，而是因為它成為了永久性一體化部落聯盟即永久性一體化聚落群團的核心。

值得注意的是，雙槐樹遺址的性質與規模雖然都升級了，成為了永久性一體化聚落群團的核心，但它的實力仍然有限。

圖4：鄭洛地區地形地貌與仰韶文化遺址分布示意圖

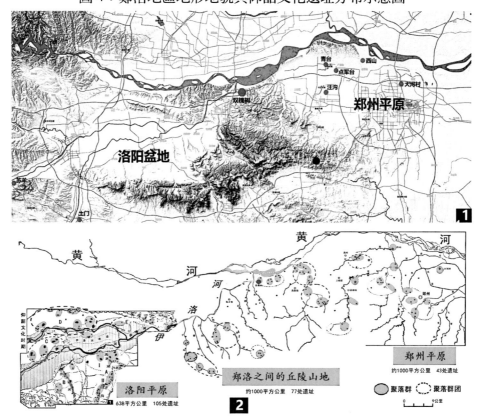

1 引自網絡衛星地圖；2 引自宋愛平《鄭州地區史前至商周時期的聚落形態分析》；張松林《鄭州市聚落考古的實踐與思考》；國家文物局主編《中國文物地圖集‧河南分冊》；陳星燦等《中國文明腹地的社會複雜化進程——伊洛河地區的聚落遺址形態研究》；中國社科院考古研究所二里頭工作隊《河南洛陽盆地 2001～2003 年考古調查簡報》。圖中虛線圈為本文作者所加

一方面，由圖4（1）可見，它所處地理位置完全是鄭洛之間的丘陵山地，這對於以農業為食物主要來源的人群而言，其經濟的自然發展條件肯定不如鄭州、洛陽等平原為主的地區。

另一方面，丘陵山地內的遺址數量較西部洛陽平原明顯稀少。其中，洛陽平原，638 平方公里，有仰韶文化聚落遺址 105 處；而丘陵山地，約 1000 平方公里，只有同期聚落遺址 77 處，分布密度還不及洛陽盆地的 1/2 倍。

再一方面，與同期的洛陽盆地相比，雙槐樹所在組織整體都弱勢明顯。當時，洛陽盆地最大的聚落群團就是 D 群團（圖 4，2，洛河以北，D），由 6 個聚落群 20 個聚落構成，遺址總體規模面積 326.9 萬平方米，無論個體數量還是總體規模都遠遠超過雙槐樹所在聚落群團，整體實力也在雙槐樹聚落群團之上。

顯然，衡量雙槐樹遺址的實力絕不能因為個別遺址個體面積較大，還特別有內涵，就可以稱王稱霸了，一定要實事求是地全面綜合地評價雙槐樹遺址的實力及其性質。

值得思考的是，為什麼專家們會將從東到西縱貫鄭州與洛陽地區近 200 公里，從嵩山北麓到黃河之濱南北向近 40 公里，總面積近 8000 平方公里的範圍都劃歸「河洛古國」管〔註 41〕？為什麼將鄭州地區的大河村、西山、點軍臺、汪溝、青臺，洛陽地區的土門、蘇羊等遺址（圖 4，1）都視為「對雙槐樹形成拱衛之勢」？

顯然，除了不夠嚴謹以外，受歐美「區域聚落形態」影響的結果明顯，一方面將「大遺址」周邊所有比它面積小的遺址都視為它的統治對象視為一個「社群」；另一方面用面積的大小來定級並確定各遺址之間的從屬關係；再一方面就是用地緣社會的理念將一定地區內所有的遺址都視同現代省、地、市、縣一樣的組織與政治結構。

實際上，史前不僅是血緣社會，而且自有人類以來就有屬於人類的血緣組織與群體。因此，聚落群聚形態的研究不僅有助於血緣社會血緣組織物化形態的認識，有助於不同歷史時期人類生產生活實體組織的認識，更為人類走進歷史，復原與研究血緣社會提供了不可或缺的歷史平臺。

結束語

事實證明，史前一體化聚落群團的崛起意義十分重大，既是人類血緣社會與地緣社會之間的轉折點與過渡階段，還同步改變了人類的組織方式、生

〔註 41〕王丁等：《「河洛古國」掀起蓋頭，黃帝時代的都邑找到了？》，北京：《新華每日電訊》，2020 年 5 月 8 日，第 9 版。

活方式、生產方式，理應成為史前考古，重建中國史前史和文明探源的重點之一。否則，考古學永遠也不理解遺址的規模與內涵越來越大越來越複雜越來越高檔的歷史意義，永遠也不理解遺址與城址不同階段的特點，永遠也不理解血緣社會過渡為地緣社會的轉折點在那裡，永遠也不理解文明起源的要點與內涵在那裡，永運也不理解國家起源的過程。

今天，中國考古學的發展已經處在一個歷史的轉折點上，要麼繼續融入以「區域聚落形態」為標誌的歐美體系，並用地緣社會學的思想和觀念繼續浮誇和炫耀史前社會遺跡遺物的歷史特點與成就，要麼以聚落群聚形態的研究為突破口，實事求是地重建中國史前史，重建中國的血緣社會史。

值得期待的是，新的時代正在呼喚中國特色中國風格中國氣派的考古學，也正在呼喚聚落群聚形態研究的新理論與新方法。也希望關於聚落群聚形態，特別是關於一體化聚落群團崛起歷史意義的認識與研究都能引起中國考古學界的應有重視。

寫於 2021 年 5 月

聚落群聚形態是復原與
研究血緣社會的必由之路

　　2014 年，作者專著《中國史前聚落群聚形態研究》（2013 年國家哲學社會科學成果文庫項目）出版了；2019 年，《中國的家庭、私有制、文明、國家和城市起源》（2017 年國家社科基金後期資助項目）出版了。這二本書不僅在國內外第一次提出了聚落群聚形態研究的理論與方法，第一次在聚落群聚形態的平臺上從事了有關起源問題的研究，更重要的是還在國內外第一次證明了利用聚落群聚形態復原血緣社會研究血緣社會是可行的，並為復原血緣社會研究血緣社會提供了一種新的理念與視角。

一、中國聚落群聚形態的特點與歷史演變

　　就人類的組織發展史而言，人類先後經歷了二大階段。第一階段，是血緣社會，人類的組織以血緣為紐帶；第二階段，是地緣社會，以一定的自然區域為紐帶。

　　已有的研究表明，人類早期之所以會需要並形成聚落群聚現象，主要有四個方面的原因。

　　第一，人的自然屬性使然。

　　考古發現，從舊石器時代早期開始，人類的居住遺址就存在明顯的群聚現象，河北陽原泥河灣盆地就是如此，在桑乾河的南岸大田窪臺地東西不足 2 公里南北約 1 公里的範圍內就聚集了舊石器早期 9 個遺址，其中 7 個明顯

相聚為 3 群，群內成員之間的距離都不超過 300 米〔註 1〕（圖 1，1）。另外，飛梁與東谷坨二個相距僅數百米的遺址，不僅時代接近，而且發掘表明還擁有時代與特點相同的文化層〔註 2〕。這說明群聚現象完全是人類與生俱來的一種自然現象，是人的自然屬性使然。

第二，人的社會屬性使然。

由於群體內所有的人都是同血緣的親戚，雖然後來分家了，但相互之間還是親戚，原本的婚姻關係依然存在。正因此，自有人類以來就有同血緣的「族外婚」，即部落內氏族與氏族之間的婚姻。由於方便婚姻的需要，所以也要求各自居住遺址之間的距離不能太遠。

第三，生產力水平低下。

一方面時代越早社會生產力越低，因而人數的多寡本身就是生產力大小的主要標誌；另一方面單獨的人類群體規模很小，人數很少，因此相互組織起來，以小變大，加強互助，不失為適應生產力低下狀況的一種最佳選擇；再一方面，為了佔有和保護自己的自然食物資源地，以及新石器時代的農業用土和水利資源，也使人們有了更多聯合起來的理由。

第四，穩定發展的需要。

穩定歷來是人類社會可持續發展所要求具備的必要條件，而力量又是維持穩定所必需具備的基礎。為此，在生產力水平低下，人類群體規模小，人數少的背景下，走團結聯合之路，才能創造力量，維持和平，從而有利於人類組織自身的長期穩定發展。

正因此，群聚不僅是人類早期最基本的自然生活方式和普遍的社會組織形態，而且還是利用自然環境適應生產力發展水平謀取最佳發展效果的必然選擇。

根據已有的研究，中國商周及以前共發現有聚落群、聚落群團、聚落集團、早期國家、古國等五種不同的聚落群聚形態〔註 3〕。

聚落群：以單個聚落為組織單位相互近距離相聚而形成的組織與組織形態，是所有聚落組織中規模最小的一種組織。由於已有的民族學資料顯示，

〔註 1〕謝飛等：《泥河灣舊石器文化》，石家莊：花山文藝出版社，2006 年，第 67～80 頁。

〔註 2〕謝飛等：《泥河灣舊石器文化》，石家莊：花山文藝出版社，2006 年，第 67 頁。

〔註 3〕裴安平：《中國史前聚落群聚形態研究》，北京：中華書局，2014 年。

「到發現美洲的時候,全北美的印第安人都已依照母權制組成為氏族」〔註4〕,
所以聚氏族而居的聚落近距離相聚的群體就相當於部落,就是一種相互擁有
直系血緣關係的組織。

聚落群團:以單個聚落群為組織單位相互近距離相聚而形成的組織與組
織形態。由於組織單位升級了,直系加旁系的血緣組織都有,所以組織規模
也明顯大於聚落群。

聚落集團:以一體化聚落群團為核心,其他有血緣關係的聚落群、聚落
群團相互近距離相聚而形成的一種泛血緣的一體化實體組織與組織形態。其
中,組織規模明顯超過聚落群團,且血緣關係相對鬆散,既有直系、旁系,還
有遠親。

早期國家:地域鄰近的不同血緣的聚落組織相互自願結成的一體化實體
聯盟。其中,有的跨血緣結盟,有的又跨血緣又跨地域結盟。

古國:實際就是人類歷史上第一種在暴力的基礎上,在鄰近地區不同血
緣組織之間建立了以政治上的壓迫經濟上的剝削為特點的統治關係的聚落組
織。

已有的考古資料表明,中國商周及以前的聚落群聚形態特點與演變經歷
了五個階段,並同步深刻影響了中國歷史的發展與演變。

第一階段:舊石器——新石器中期中段,即距今約8000年以前,完全是
一個以自然狀態和自然部落為社會實體組織的階段,並有五個方面的特點。

1. 整個社會只有聚落、聚落群、聚落群團三級組織(圖1,1、2)。由於
時代較早,規模普遍較小,所以當時聚落的組織屬性不是很清楚。但是,新
石器時代中期即距今萬年以後,不僅出現了聚氏族而居的聚落,而且聚落、
聚落群與組織狀態比較鬆散的聚落群團即臨時性部落聯盟的三級社會組織的
存在則非常清晰(圖1,1-3)。

2. 所有的聚落,即使是長輩母氏族所在的聚落,各自都是獨立平等的組
織單位,也沒有一個聚落擁有能標誌社會地位等級較高的公共設施與建築(圖
1,4、5),如新石器時代晚期可見到的壕溝、城牆、祭壇、宮殿等。

3. 只有部落才是當時人類生產生活的實體組織(圖1,1-5)。有三方面的
原因。一方面,生產資料部落集體所有制,正如摩爾根所言:部落「的領土包

〔註4〕〔德〕恩格斯:《家庭、私有制和國家的起源》,《馬克思恩格斯選集》第四卷,
北京:人民出版社,1974年,第85頁。

括他們實際居住的地域，還包括他們在漁獵時足跡所到的周圍地區那麼大的範圍，同時也得是他們有能力防禦其他部落侵入的範圍」〔註5〕；另一方面，生產力不發達，人數的多少就是生產力的主要標誌，所以個人都必須依賴集體才能存活。再一方面，當時人少地廣（圖1，3），社會矛盾並不激烈，所以不需要也不存在以聯合起來抵禦外敵為己任的永久性的部落聯盟。正因為如此，整個社會就流行以部落和生產資料部落所有為基礎的集體勞動集體消費的生產方式和生活方式。

4. 隨著時代的晚近，人類的聚落群落，即居住地與聚落、聚落組織的分布地域，發生了重大變化，由以前多位於山區、丘陵區轉向以山前地帶和平原區為主（圖1，3），採集狩獵的生存模式也開始向廣譜經濟變化，並出現了原始農業。

5. 隨著時代的晚近，人口的增加，遺址與聚落的面積普遍擴大，聚落組織的規模也在不斷擴大。

第二階段：新石器中期晚段——晚期早段，即距今約8000～5000年。這一階段最重要的特點就是隨著文明的起源，部落的一體化開始了，並逐漸深入。

由於人口和聚落數量的增加，人地關係，人與人之間關係的不斷緊張，文明起源了，聚落社會也從此踏上了一體化的不歸路。

所謂「一體化」，簡而言之就是一種人類社會的組織方式與狀態，就是由血緣的「小社會」逐漸過渡為地緣的「大社會」，其最主要的特徵就是無論組織規模大小一律在實力的基礎上實行集中統一領導和管理。

考古發現，這種一體化的過程首先就是從部落開始的，並先後經歷了三個小的階段。

第一小段，距今約8000～6500年，以環壕聚落的出現為標誌。

新石器時代中期及以前，由於人地關係人與人的關係都相對寬鬆，所以基於自然血緣的長輩就滿足了組織的領導與管理需求。但是，隨著人地關係人與人關係的緊張、激化與長期化，就要求整個集體更緊密地長期團結起來擰成一股繩，於是就催生了永久性一體化的聚落組織。河南新鄭唐戶（圖1，6）、浙江嵊州小黃山等多聚落遺址的發現就是這種組織起步的代表。

〔註5〕〔美〕摩爾根：《古代社會》，北京：商務印書館，1971年，第109頁。

與此同時，聚落群與部落的組織方式也發生了重大變化。

一方面，部落內部人與人之間出現了地位等級分化。

河南新鄭唐戶、浙江嵊州小黃山二個遺址上寬超過 10 米深超過 2 米的壕溝表明當時的聚落之間已經出現了前所未有的地位和等級分化，少數高等級聚落已經開始用防禦功能明顯的壕溝來刻意保護〔註6〕。受此變化的影響，部落內部人與人之間也出現了地位等級分化，興隆窪文化的玉器就是代表。1991年 12 月，蘇秉琦先生在《關於重建中國史前史的思考》的論述中曾指出：「阜新查海的玉器距今 8000 年左右，全是真玉（軟玉），對玉料的鑒別已達到相當高的水平。玉器的社會功能已超越一般裝飾品，附加上社會意識，成為統治者或上層人物『德』的象徵。沒有社會分工生產不出玉器，沒有社會分化也不需要禮制性的玉器」。

另一方面，聚落與聚落之間出現了主從關係。

河南新鄭唐戶、浙江嵊州小黃山等遺址的發掘就表明，當時在同一個聚落群的內部，相互之間已經出現了以主從關係為核心的等級地位分化。其中，主人與核心就住在壕溝裏面，而隨從則環繞在壕溝外面（圖1，6）。

再一方面，聚落群與群之間也出現了地位等級分化。

以往在臨時性部落聯盟即普通聚落群團內，各部落成員的地位都是獨立平等的。但是，由於有的部落或聚落群實力異軍突起並一體化，從而導致同一聯盟內部各聚落群之間也開始了等級分化。

第二小段：距今約 6500～6000 年，以新型有長年積水濠溝的出現為標誌。

距今 6500 年以前，中國史前所有環繞在聚落外圍的各種溝狀設施，無論規模大小，無論區域所在，開口一律都與聚落居住面等高，都是無積水的乾溝。但是，由於長江中游地區人們慣常定居崗地上的陳年老土多黏重板結，用石器木器很難深挖，所以當時溝的深度都不超過 1 米。於是，為了增強防禦功能，人們降低了溝的開口高度，將開口下移到了居住崗地的下方。又由於崗坡下方的堆積土多係水成，地下水位又高，這樣既有利於溝的深挖，又導致溝內出現了長年積水，有的是地下滲水，有的可與自然河溝聯通。湖南澧縣城頭山湯家崗文化距今 6500 年的濠溝就是中國最早長年積水型濠溝的

〔註 6〕鄭州市考古研究院等：《河南新鄭市唐戶遺址裴里崗文化遺存 2007 年發掘簡報》，北京：《考古》，2010 年，第 5 期。

代表（圖1，8，I）〔註7〕。與此同時，社會對實力的需求還導致了生產方式的變革，出現了以耕作權私有為特點的早期個體勞動和個體經濟，湖南澧縣城頭山湯家崗文化時期用田埂分割並可長期耕作的大塊稻田的發現就是代表〔註8〕。又由於個體經濟的出現，人類的婚姻方式也開始由流行對偶婚轉變為一夫一妻制的普及〔註9〕。此外，這一階段部落內人與人的等級地位貧富分化也更加明顯〔註10〕。

第三小段：距今6000～5000年，中國史前最早一批城址開始崛起。

大約距今6000年前後，中國崛起了史前第一座城址，湖南澧縣城頭山（圖1，7、8）；距今約5000年以前，除了城頭山以外，還崛起了一批城址，它們是湖北石首走馬嶺——屯子山、湖北天門龍嘴、河南鄭州西山（圖1，9）。這些城址的崛起說明社會矛盾激化的程度在進一步加劇，所以就催生了擁有壕（濠）溝與高牆雙重防禦體系的城址。與此同時，城址的出現不僅標誌著社會一體化程度在進一步深化，而且相對前期的無水壕溝、有水濠溝，巨大的工程量還顯示部落社會出現了擁有強大實力的高級軍事中心。

值得注意的是，當時所有的城址都規模小，都是單聚落駐守。因為當時社會的一體化還只發生在聚落群一級，而聚落群內部又只有一級核心，所以就出現只有核心聚落居住的城址。

此外，由於自然環境的原因，中國史前第一批城址還顯示了南北不同的修築方法與模式。

其中，鄭州西山是黃河模式的代表，它的特點是乾溝加夯土牆；而湖南澧縣城頭山則是長江模式的代表，它的特點是水溝加堆築牆。

與此同時，出現了內外城的雛形。

鄭州西山就是代表。遺址是一個聚落群零距離相聚的多聚落遺址，30萬平方米。其中，核心聚落就住在城裏面，其他聚落群的成員就住在城外的大壕溝以內（圖1，9）。這種遺址的聚落布局，不僅繼承了河南新鄭唐戶（圖1，6）遺址的傳統，也開了距今5000年以後史前社會出現內外城結構的先河。

〔註7〕湖南省文物考古研究所：《澧縣城頭山》，北京：文物出版社，2007年。

〔註8〕湖南省文物考古研究所等：《澧縣城頭山古城址1997～1998年度發掘簡報》，北京：《文物》1999年，第6期。

〔註9〕陳雍：《姜寨聚落再檢討》，鄭州：《華夏考古》，1996年，第4期。

〔註10〕裴安平：《中國的家庭、私有制、文明、國家和城市起源》，上海：上海古籍出版社，2019年，第206、207頁。

第三階段：新石器晚期中段，距今約 5000～4500 年，人類的社會組織發生了重大變化，血緣社會從未有過的聚落群團即永久性一體化部落聯盟登上歷史舞臺（圖 1，10-13）。

正如恩格斯所言：絕大多數的美洲印第安人「親屬部落間的聯盟，常因暫時的緊急需要而結成，隨著這一需要的消失即告解散」；但是，隨著社會矛盾的進一步激化與持久化，這種「最初本是親屬部落的一些部落從分散狀態中又重新團結為永久的聯盟」〔註 11〕。中國的考古表明，這種聯盟就是永久性一體化的聚落群團，它的出現具有三個方面的重大歷史意義。

其一，標誌人類社會出現了第一種政治組織。以前社會的管理，主要是部落內部的管理，都是血緣輩分管理，長輩說了算。但是，隨著一體化聚落群團的出現，歷史上第一種真正永久性跨部落的社會組織登上了歷史舞臺；它的組織基礎不再單純是血緣，而是實力，誰有實力誰就是核心，就能夠實現全組織的集中統一領導和管理。

其二，標誌人類社會由血緣社會開始轉向地緣社會。對此意義的揭示，恩格斯有一句話非常到位，他說：「永久性的聯盟，這樣就朝民族〔Nation〕的形成跨出了第一步」〔註 12〕。

其三，標誌聚落實體組織的大型化由此起步。由於以前社會的實體組織只有以聚落個體為單位的部落，所以組織的規模很小，一般只有 3、5 個聚落；但以聚落群為組織單位的一體化聚落群團出現以後，10～20 個同時期聚落近距離抱團相聚的現象就比比皆是。湖北京山屈家嶺，在 236 萬平方米的範圍內就聚集了 11 個遺址（圖 1，10）；湖北天門石家河，在約 600 萬平方米的區域內就聚集了 18 個聚落（圖 1，11）。

值得注意的是，人類歷史上第一批多聚落和具有內外雙重結構的城址此刻也正式誕生了，湖北天門石家河（圖 1，11）、山東日照堯王城（圖二，13）就是代表。

為什麼它們會和一體化聚落群團同時誕生呢？

關鍵原因就在於聚落群已成為聚落群團的基本組織單位。於是，一體化

〔註 11〕恩格斯：《家庭、私有制和國家的起源》，《馬克思恩格斯選集》第四卷，北京：人民出版社，1974 年，第 89 頁。

〔註 12〕恩格斯：《家庭、私有制和國家的起源》，《馬克思恩格斯選集》第四卷，北京：人民出版社，1974 年，第 89 頁。

聚落群團的核心就是核心聚落群，而核心聚落群又同時擁有二級聚落，一級是核心聚落群的核心聚落，另一級就是核心聚落群的其他成員。其中，核心聚落就住在小城即內城裏，核心聚落群的其他成員就住在大城即外城裏。

這種城址的出現不僅表明中國歷史上出現了第一代政治組織，表明歷史上出現了第一代政治中心；還表明政治中心是由核心聚落和核心聚落群其他成員共同構成的，並具有至高無上的地位。

此外，歷史還表明中國最早的禮制、最早的禮器、最早的貴族、最早的人權神授觀念、最早的腦力與體力勞動分工，並以此為基礎的最早的「城鄉」分工，都與這種政治組織的出現存在明顯的因果關係〔註13〕。

第四階段：新石器晚期晚段，距今約 4500～4000 年，人類從血緣社會開始邁向地緣社會，聚落集團、早期國家、古國等以往從未見過的一體化實體聚落組織同時崛起。

陝西神木石峁就是聚落集團崛起的代表，也是一個聚落集團都群聚在同一個大城裏的代表（圖 1，14）〔註14〕。一方面，東西二個城的本身就說明它是二個大的聚落組織分別營建的；另一方面，城圈內已有的居住區、墓葬區、陶片分布點的調查結果也表明東西各城圈分別住著不同的聚落群團；再一方面，在城址周圍 20～50 公里的範圍內年代相同的聚落遺址屈指可數，顯示城址缺少統治和壓迫對象。

浙江餘杭良渚遺址群是一個早期國家的典型代表（圖 1，15）〔註15〕。一方面，它明顯由四大聚落群團跨血緣結盟而成。其中，瓶窯古城群團與東北部群團是本地組織，地位較高，反山墓地、瑤山墓地就是證明；而東部其餘二個群團則地位明顯較低，不僅沒有反山、瑤山那樣的祭壇和大型墓葬，也沒有出土過高等級的玉禮器，這些都顯示他們與前二者並非同根同祖，而是外來投靠者。另一方面，至今也沒有發現良渚遺址群有任何對外征服，並在不同血緣聚落組織之間建立了統治與被統治者關係的證據與跡象。

〔註13〕安徽省文物考古研究所：《凌家灘——田野發掘報告之一》，北京：文物出版社，2006 年；湖北省文物考古研究所：《三苗與南土》，武漢：江漢考古編輯部，2016。

〔註14〕裴安平：《中國的家庭、私有制、文明、國家和城市起源》，上海：上海古籍出版社，2019 年，第 639～642 頁。

〔註15〕裴安平：《中國史前聚落群聚形態研究》，北京：中華書局，2014 年，第 354～374 頁。

圖1:中國史前聚落群聚形態演變各階段代表性聚落遺址及其分布平面圖

1引自謝飛等《泥河灣舊石器文化》;2引自房迎三《水陽江舊石器地點埋藏學的初步研究》);3引自裴安平《中國史前聚落群聚形態研究》;4引自內蒙文物考古研究所《白音長汗——新石器時代遺址發掘報告》;5引自邱國斌《內蒙古敖漢旗新石器時代聚落形態》;6引自張松林《鄭州市聚落考古的實踐與思考》;7引自裴安平《中國史前聚落群聚形態研究》;8引自湖南省文物考古研究所《澧縣城頭山》;9引自張玉石《鄭州西山古城發掘記》;10引自湖北省文物考古研究所《湖北京山屈家嶺遺址群

2007 年調查報告》；11 引自湖北省文物考古研究所《大洪山南麓史前聚落調查——以石家河為中心》；12 引自中國社科院考古研究所安徽工作隊《皖北大汶口文化晚期聚落遺址群的初步考察》和《蒙城尉遲寺》；13 引自梁中合《日照堯王城的新發現、新收穫與新認識》；14 引自陝西省考古研究院《發現石峁古城》；15 引自浙江考古網與浙江省文物考古研究所《良渚遺址群》；16 引自何駑《2010 年陶寺遺址群聚落形態考古新進展》。圖中虛、實線圈為本文作者所加

山西臨汾盆地陶寺文化時期的聚落組織就是古國出現的代表。早在仰韶文化時期，當地塔兒山以北都一直是澇河南岸聚落群團的屬地。陶寺文化早期，陶寺及其組織成員突然佔據了塔兒山北麓。對此，澇河聚落群團在組織規模發展擴大為聚落集團的基礎上，一舉攻破了陶寺城址並血族復仇。為此，陶寺的城牆被人掘了，宮殿與觀象臺被人毀了，祖墓被人挖了，城內的男人被人砍了頭骨成堆置於灰坑之中〔註16〕。顯然，陶寺的毀滅就意味著一個古國的誕生，意味著在實力面前澇河集團成了統治者，陶寺成了階下囚。不過，由於統治者與被統治者都是血緣組織，所以這種古國又可稱為「血緣國家」。此外，還由於當時中國並沒有出現以個人為單位的階級，所以當時的國家還不是階級壓迫的工具。

第五階段，夏商周時期，也是聚落群聚現象開始退出歷史舞臺的時期。

夏商周時期雖然已經出現了以單一民族為主體地緣化的早期方國，但各統治民族的基層組織依然是血緣組織，所以它們的聚落群聚形態與史前晚期基本一樣，沒有大的變化。

但是，血緣組織的獨立性也嚴重地妨礙了社會更大規模一體化的發展和集中統一領導管理。於是，從西周初期開始，國家就開始採取了二個方面的措施來打擊血緣組織。一方面，實行「鄉里制」，變以往的血緣組織為國家地緣行政機構，從而剝奪了血緣組織社會與政治的合法性〔註17〕；另一方面，又實行「井田制」，變以往土地國家集體二級所有為國家獨有，徹底斬斷了血緣組織的經濟命脈。由此，延續了幾百萬年的血緣組織開始衰落。春秋戰國，由於多民族與階級國家的出現，商品經濟的發展，土地使用權的完全私有並

〔註16〕何駑：《從陶寺遺址考古收穫看中國早期國家特徵》，《中國古代文明與國家起源學術研討會論文集》，北京：科學出版社，2011 年，第 149 頁。

〔註17〕朱玲玲：《坊里的起源及其演變初探》，鄭州：《鄭州大學學報（哲學社會科學版）》，1986 年第 2 期；李昕澤：《里坊制度研究》，天津：天津大學博士學位論文，2010 年。

可以自由買賣，郡縣制、官僚任命制、徵兵制的實施，以致人類社會的血緣
與民族藩籬全部都被拆除了，每一個人都由此獲得了更多社會的獨立性與自
由，生產生活的空間也由此得到了極大的拓展。於是，以血緣為紐帶的聚落
群聚現象就隨著社會地緣一體化的加速最終退出了歷史舞臺。

顯然，通過聚落群聚形態不同階段的特點與歷史演變不難發現，聚落群
聚形態不僅只是人類血緣社會組織與組織形態的物化遺存，而且還是人類血
緣社會所有各種歷史活動的主人與策源地。在所有的歷史遺存中，沒有一種
遺存像聚落群聚形態一樣明顯是人類歷史的載體，是各種人類活動與歷史遺
存共存的平臺，也沒有一種遺存像它一樣承載了那麼多那麼重要的人與人和
人與社會發展關係的信息；所以它應該就是考古學「由物及人」復原血緣社
會研究血緣社會的最佳平臺與突破口。

二、聚落群聚形態研究的意義

之所以要復原和研究血緣社會，有二個基本原因。其一，血緣社會是人
類歷史的主要部分。不僅時間最早，自有人以來就是血緣社會；而且歷時最
長，達數百萬年之久。在中國，從舊石器時代到新石器時代一直都是血緣社
會；夏商周則是過渡階段，地緣化的國體血緣化的政體；只有春秋戰國才真
正進入地緣社會，至今不足 3 千年。所以，復原並研究血緣社會就是復原並
研究人類歷史的主要部分。其二，這段歷史有文字記載的時間非常短暫，中
國雖然有商周時期的甲骨文、金文，但識別都非常困難。正因此，血緣社會
的復原與研究不僅是中國考古學的重點，也是中國考古學的難點。

自 20 世紀初現代田野考古學在中國誕生以來，中國歷代考古學家們為這
段歷史的復原和研究作出了重大貢獻，如仰韶文化、龍山文化的發現，夏墟
和殷墟的發掘。但是，考古學以人類物質遺存為主要研究對象的特殊性又導
致考古學復原歷史有自己的特點和難度。一方面物質遺存涉及的種類很廣，
從自然土壤、動物、植物，以及一切與人類生產生活有關的遺存；另一方面，
絕大多數遺存都不會「說話」，有關遺存的年代、屬性、與人類的關係，都需
要考古學的研究。正因此，伴隨著現代科學技術的發展，特別是 20 世紀 50
年代以來，除了田野考古學之外，考古學實際已經變成了多學科結合的集合
體。然而，考古學最困難的還不是各種遺存的年代與物資屬性的確定，就像
野生稻、早期栽培稻、晚期（成熟）栽培稻的確定一樣，這類問題的解決相對

簡單，主要依賴科學技術的進步。但是，要確定各種遺存與人類的關係就非常困難，就不單純是技術與時間的問題。就像江蘇吳縣草鞋山馬家浜文化的「稻田」一樣，僅從技術層面來看，土壤的顏色、包含物、稻屬植矽石的數量與形狀都證明它應該屬於栽培稻的稻田〔註18〕；可是，從與人的關係來看，那種小規模坑坑窪窪的田塊只能屬於「栽培稻的野生地」，肯定養活不了附近遺址上的居民，也不可能成為當時人類食物的主要來源地，更不可能成為當時人類生產方式與農業的代表和標誌。正因此，要解決各種遺存與人類關係的認識問題在很大程度上就只能依賴抽象的科學思維方法、視角和相關認知理論。

今天，之所以要重提復原和研究血緣社會歷史的問題，不是要否認前人的努力與成果，而是另有原因，因為新的時代遇到了新的問題，即自蘇秉琦先生「重建中國史前史」〔註19〕的號召以來近30年，中國考古學的發展除了浮在表面上的大量精彩的考古發現以外，就是毫無遮攔地引進了西方歐美「先進」的「區域聚落形態」、「四級聚落等級國家論」、「酋邦」等理論與方法。結果出人意料，在復原血緣社會研究血緣社會方面既未取得任何意義突出的實質性進展，也根本沒有探到真正的文明之源〔註20〕！

歷史表明，20世紀西方歐美的考古學經歷了二個特點非常鮮明的階段。二次大戰以前，學界流行馬克思主義，並出現了著名的馬克思主義考古學家，澳裔英籍戈登‧柴爾德就是代表。但是，二次大戰以後，這類學風與學者至今根本不見。究其原因，關鍵就因為當時崛起了一大批社會主義國家，使西方國家非常緊張，於是就要與馬克思主義劃清界限，人類學、考古學就要與馬克思主義關於社會發展和國家起源理論劃清界限。從此，西方人類學、考古學就自覺不自覺地走上了一條架空或另築史前社會形態之路。

為什麼同為美國人的戈登‧威利關於秘魯維魯河谷史前聚落形態的研究，以及此後興起並流行於西方的「區域聚落形態」都竭力迴避氏族、部落、部落聯盟等人類早期血緣組織的名稱與概念，甚至不惜用現代地緣社會學的思想、概念和名稱來研究史前社會，將古人從來沒有見過的「社區」和「社群」

〔註18〕鄒厚本等：《江蘇草鞋山馬家浜文化水田的發現》，《稻作陶器和都市的起源》，北京：文物出版社，2000年。

〔註19〕蘇秉琦：《關於重建中國史前史的思考》，北京：《考古》，1991年，第12期。

〔註20〕裴安平：《文明探源，源在何方》，《紀念石家河遺址考古60年學術研討會論文集》，北京：科學出版社，2019年。

等組織形態都套在他們頭上,還用以描述歷史〔註21〕。顯然,這樣做的結果不僅全盤否定了馬克思主義與摩爾根有關研究的合理性,還以假亂真,徹底改變了歷史的原貌。

「酋邦」理論也是二次大戰以後興起的關於史前社會與國家起源的重要理論。它有二個要點:一是認為人類社會經歷了遊群、部落、酋邦、國家四個連續發展的階段;二是認為酋邦是史前部落社會與國家之間過渡階段的社會組織〔註22〕,並具有地緣化的特徵。

然而,「酋邦理論」的問題也很多〔註23〕。

一般而言,人類歷史的演化就像一棵大樹一樣,有主幹也有許多旁支;而且不同的地區還有不同的道路,不同的特點,有多樣性與不平衡。但是,「酋邦理論」產生的主要來源地夏威夷群島波利尼西亞的原始民族是否歷史演化的旁支,是否有不同的道路,是否有不同的特點,誰都沒有說清楚。顯然,在這些問題都沒有說清楚之前,就直接將其視為早期人類普遍經歷過的社會形態,肯定是過於絕對。此外,現代「酋邦理論」之所以有所謂「簡單酋邦」與「複雜酋邦」、「產品經濟型酋邦」與「財富經濟型酋邦」、「集體型酋邦和個體型酋邦」、「神權型」與「軍事型」等等的分類與提出〔註24〕,實際也說明該理論還明顯的不夠成熟。值得注意的是,中國舊石器時代的考古還證明中國史前早期根本就不存在一個只有孤獨「遊群」的時代,新石器時代晚期的考古與歷史時期的文獻也證明中國歷史上從未見過「酋邦」的影子。

在「區域聚落形態」基礎上出現的「四級聚落等級國家論」〔註25〕,一方面認為部落和酋邦擁有一到二級行政管理機構,國家則至少擁有三級,或

〔註21〕 〔美〕戈登・威利著、謝銀鈴等譯、陳淳校:《聚落與歷史重建——秘魯》,上海:上海古籍出版社,2018 年。

〔註22〕 Kalervo Oberg, *Types of Social Structure among the Lowland Tribes of South and Central America, in American Anthropologist*, 57(1955), pp.472-487. Elman R. Service, *Primitive Social Organization: An Evolutionary Perspective*, 1962; Elman R. Service, Origins of the State and Civilization: The Process of Cultural Evolution (New York: W. W. Norton & Company, 1975.)

〔註23〕 裴安平:《中國考古與酋邦》,《湖南省文物考古研究所建所三十週年紀念文集》,北京:科學出版社,2016 年。

〔註24〕 胡玉娟:《全球視野下跨學科的文明與國家起源研究——「古代國家的起源與早期發展國際學術研討會」綜述》,北京:《世界歷史》,2010 年第 3 期。

〔註25〕 劉莉:《中國新石器時代——邁向早期國家之路》,北京:文物出版社,2007 年,第 146 頁。

四級決策機構；另一方面認為級與級的劃分標準就是聚落規模一級比一級大。顯然，這完全是一種形式邏輯，不僅忽視了血緣與地緣社會的區別，還忽視了歷史現象的多樣性與複雜性。

顯然，由於當代西方歐美流行的各種認識血緣與史前社會形態和特點的理論都不是在尊重歷史復原歷史的基礎上提出來的，而是包含了許多人為主觀的因素，因而一點都不先進，也不可能籍此窺探和復原中國血緣社會的歷史。

事實上，無論是中國還是外國，早期的人類社會都是血緣社會，有關社會組織都是血緣組織。因此，任何時候任何地方若離開了當時社會原有的組織都不可能真正地復原歷史，並揭示歷史的特點、演變過程與規律。

從純學術的角度來看，今天中國的考古學雖然新的時代有新的需求，但由於沒有新的研究與認知理論和方法，因而就無法走近歷史，復原歷史。

一般而言，導致新的研究理論與方法缺失的主要原因共有三點。

第一，將考古學文化作為歷史研究的平臺。

由於近百年以來中國考古學的最大成就就是發現了一大批多彩的商周及以前的考古學文化，以致考古學文化研究的慣性左右了考古學者們的思維模式與取向，並認為中華文明的形成是在一個相當遼闊的空間範圍內由若干考古學文化共同演進的結果，各文化的區域特色還暗示了在走向文明的進程中各自的方式、機制、動因等也可能不盡相同。為此，要重建中國史前史，探索文明和國家起源，首先就要研究中國的考古學文化〔註26〕。然而，考古學文化的本質是物質的，是在一定的時間與空間範圍內由一群有特色的遺跡遺物構成的共同體。因此，考古學文化只能是人類物質文化史的載體和研究單位。此外，考古學文化都是一種地緣化的慨念，而史前的人類組織不僅以血緣為基礎，而且規模與分布地域都很小，遠遠不及考古學文化所覆蓋的地域與範圍。因此，要復原史前社會，一方面不能用物質文化遺存代替了人類自身的血緣組織，另一方面也不能用地緣的現象和特點來理解和復原血緣社會，再一方面更不能盲目地將考古學文化的整體都當作一個統一的社會組織。今天，人們對考古學文化及其區系類型的認識，純粹只是對一定時空範圍內物質文化遺存共性或差別的認識，決不能以此就代替了人類社會組織的認識和研究。

〔註26〕王巍、趙輝：《中華文明探源工程的主要收穫》，北京：《光明日報》，2010 年 2 月 23 日，第 12 版。

　　第二，馬克思主義教條化。

　　長期以來，中國學術界就一直存在將馬克思主義教條化的傾向與潮流。每當遇到問題就簡單地抄襲，或將馬克思主義的一些論述「對號入座」。如關於中國文明起源的原因，都認為是生產力的發展導致農業與手工業分工，導致私有制和階級產生的結果〔註27〕；而在裴李崗文化及仰韶文化早期是否已出現了父系社會的爭論中，所有的研究者都以社會貧富分化為據，有的認為已經出現了貧富差異，有的認為即使有差異也不明顯〔註28〕。總之，整個學界都在使用同一件「批判的武器」，都完全忘卻了「武器的批判」〔註29〕。

　　對此，我們不能把責任都推給馬克思主義。馬克思主義，特別是恩格斯《家庭、私有制和國家的起源》的寫作與出版，不僅年代早，1884年，也就是136年以前；而且當時無論歷史資料還是民族學的資料都很少，尤其是關於中國的考古資料就完全等於零，因而對有關問題的研究也就不免階段性地域性成果的意義。

　　自20世紀50年代以來，中國的考古事業得到了極大的發展，大量的史前和古代遺址被發掘出來，並為人們解放思想，深入研究奠定了堅實的基礎。因此，不能再把馬克思主義當作教條，而應該自覺地將還原歷史，研究歷史，發展馬克思主義當作中國考古人義不容辭的責任和義務。

　　第三，盲目地全盤引進歐美流行的理論和方法。

　　西方歐美的理論與方法之所以在中國大受歡迎，主要有三個原因。

　　其一，以社會形態研究為重點的聚落考古，歐美起步的時間明顯早於中國。

　　其二，20世紀90年代以後中國掀起了「重建中國史前史」及文明探源的高潮，尤其是「文明探源工程」的啟動，要求在一定的時間段內要探到文明之源。於是，歐美理論不僅正好迎合了急於取得「探源」成果的需求，填補了國內沒有聚落考古理論與方法的空白，還為中國考古學披上了「改革開放」，與歐美「先進」理論接軌的時髦外衣。

　　其三，馬克思主義以前關於社會發展和文明、國家起源的理論也有許多

〔註27〕裴安平：《質疑王巍先生關於中國文明起源的時間與標準》，www.peianpong.com/新文稿。
〔註28〕李友謀：《裴李崗文化》，北京，文物出版社，2003年版，第152～158頁。
〔註29〕馬克思：《〈黑格爾法哲學批判〉導言》，《馬克思恩格斯選集》第一卷，北京：人民出版社，1974年版，第9頁。

沒有覆蓋的領域與薄弱環節，如部落社會與國家之間的過渡形態，於是就給西方有關理論的引進和傳播留下了缺口和餘地。

事實證明，毫無遮攔地引進歐美流行的理論和方法是錯誤的，不僅沒有解決中國文明和國家的起源問題，還導致了用地緣社會的歷史現象來認識和定性血緣社會遺跡遺存的研究簡單化傾向。

基於上述國內外考古學存在的問題，不難發現今天聚焦聚落群聚形態的認識與研究具有重大的理論與學術意義。

第一，有助於端正目前的學術思想與研究內容。

136 年以前恩格斯《家庭、私有制和國家的起源》的寫作與出版，實際就為後人以人類學、民族學資料為基礎，以人為本，復原歷史研究歷史樹立了榜樣。今天，在田野發掘資料大量出現的背景下，中國人不僅擁有了在人類學、民族學基礎上，而且還擁有了在考古學基礎上續寫《家庭、私有制和國家的起源》的資料和基礎。因此，中國考古人不能一方面將馬克思主義教條化，一方面又沉溺於向西方學習，並用現代地緣社會學的概念去溶蝕和架空血緣社會的真相，而是要繼續以人為本將復原和研究血緣社會的歷史作為學科的重點。因此，啟動和聚焦聚落群聚形態的認識與研究將有助於端正學科的研究方向、思想與內容。

第二，有助於解決想走進歷史但又苦於無門的思想方法問題。

一般而言，在史前血緣社會，聚落就是聚氏族而居的地點和場所，而聚落群聚形態就是聚落之間以血緣為紐帶近距離相聚而形成的組織和遺存形態。

就時間而言，聚落群聚形態主要流行於血緣社會的史前與夏商周時期。

就形成的原因而言，有二種類型。

一種可稱為「群落」，因自然的原因而形成，如環境優良，地形地貌適合居住，自然食物資源豐富等，就可能吸引了較多的人類居住點及其組織群聚在一定的空間範圍內。陝西洛南盆地就是代表，在約 200 平方公里的範圍內就至少聚集了舊石器各時期的地點 268 處〔註30〕。另一種類型完全是因為人類的社會關係而形成，可稱為「組織」或「組織形態」。由於第一種類型涉及的主要是人與自然的關係，而只有第二種類型涉及的才完全是人與人的關係，

〔註30〕王社江等：《洛南盆地 1995～1999 年野外地點發現的石製品》，北京：《人類學學報》，2005 年，第 2 期。

所以它應該就是復原和研究血緣社會及其歷史的重點對象和領域。

但是，長期以來聚落群聚形態的認識和研究卻一直是國內外聚落考古的空白，還普遍認為遺址或聚落的分布是無序的一盤散沙，因而就從思想上根本拒絕了血緣社會組織形態的認識與研究。

實際上，早在 1877 年的《古代社會》〔註31〕中，摩爾根就已經發現了這種以血緣為紐帶的聚落群聚現象，他說：部落內部各氏族「不論怎樣擴張他們的共同疆域，其領土總是相互毗鄰」；「一個部落一旦分化為幾個部落之後，這幾個部落各自獨佔一塊領土而其領土相互鄰接」，「如幾個村落共沿一條河流而彼此鄰近，其居民往往出自同源，而且他們或者處於同一部落政府之下，或者處於同一聯盟政府之下」。

除了摩爾根的調查與論述以外，童恩正先生在《文化人類學》專著中論及的尼日利亞北部蒂夫人（Tiv）〔註32〕、前蘇聯 C.A.托卡列夫的《澳大利亞和太平洋各族人民的組織》〔註33〕，詹承緒〔註34〕、嚴汝嫻、宋兆麟〔註35〕先生關於中國雲南永寧納西族母系制社會的調查，實際都證明了聚落群聚形態的本質就是血緣社會聚落之間以血緣為紐帶近距離相聚而形成的一種普遍的組織形態和遺存形態，並隨著社會的變化而變化。

事實上，史前不僅是血緣社會，而且自有人類以來就有一定的人類組織與群體，人類社會所有的存在、發展、變化也都是在相應的組織內部發生的。例如，史前農業與手工業的分工就沒有地緣化的「社會分工」，而只有大型血緣組織內部的「社會分工」，一直到夏商周都是如此。正因此，商代才會出現「世工世族」，才會「工商食官」，才會在西周早期的分封中見到以手工特長而命名族體的現象。

顯然，聚落群聚形態的研究不僅有助於血緣社會血緣組織物化形態的認識，有助於不同歷史時期人類生產生活實體組織的認識，還為人類走進歷史，復原與研究血緣社會提供了不可或缺的歷史平臺。

〔註31〕〔美〕摩爾根：《古代社會》，北京：商務印書館，1971 年。

〔註32〕童恩正：《文化人類學》，上海：上海人民出版社，1989 年，第 221 頁。

〔註33〕C・A・托卡列夫等：《澳大利亞和大洋洲各族人民》，北京：生活・讀書・知新三聯書店，1980 年。

〔註34〕詹承緒等《永寧納西族的阿注婚姻與母系家庭》，上海：上海人民出版社，1980 年。

〔註35〕嚴汝嫻、宋兆麟《永寧納西族的母系制》，昆明：雲南人民出版社，1983 年。

第三，有助於認識夏商周時期社會形態的本質。

就歷史的發展而言，史前晚期晚段一直到夏商周時期都是人類由血緣社會轉變為地緣社會的過渡時期和階段。雖然夏商周都已經是一地之方國，但考古與文獻卻證明這些國家國體雖然是地緣化的，但政體還是血緣化的，統治民族的社會基礎還是血緣組織，因而基層組織的聚落群聚形態與史前完全一樣；如殷墟，它的居民就是一個超大型的血緣組織——聚落集團，其中後崗墓地就是一個聚族集中分群埋葬的典型〔註36〕。正因此，聚落群聚形態的存在明顯有助於三代社會性質本質的理解和認識。

第四，有助於糾正歐美學術界的有關錯誤思想與認識。

二次世界大戰以來歐美人類學、考古學界最突出的錯誤思想與認識就是淡化虛化血緣社會的復原與研究，除了「區域聚落形態」與「酋邦」等理論明顯與中國考古實情不符以外，還認為舊石器時代遺址是孤立的「遊群」、「遊團」，遺址的群聚現象是因為功能分區不同。事實上，這些理論與認識都是錯誤的，因為自有人類以來就有人類組織，就有遺址與聚落的群聚形態。

20世紀80年代後期以來，在蘇秉琦先生的率領下，考古學中國學派開始崛起。之所以如此就是因為中國考古學有自己獨創的考古學研究的理論與方法，一是馬克思主義唯物史觀，二是器物類型學，三是考古學文化區系類型理論，四是文化因素分析法。可是，進入「重建中國史前史」的歷史新階段以後，尤其是引進國外的「區域聚落形態」作為中華文明探源的主要理論方法之後，「中國學派」的旗幟就因為缺少自己獨創的理論與方法而黯然失色。

因此，要重振「中國學派」並同步糾正歐美學術界的有關錯誤思想與認識，惟有聚落群聚形態的認識與研究才能擔此重任，別無選擇！

結束語

基於中國考古的發現與資料，聚落群聚形態的研究並不是一項特別困難的研究，關鍵在於現代考古人的追求與思想意識。

今天，中國考古學的發展已經處在一個歷史的轉折點上，要麼繼續融入以「區域聚落形態」和「酋邦」為標誌的歐美體系，並用地緣社會學的思想和觀念浮誇和炫耀史前社會遺跡遺物的歷史特點與成就；要麼以聚落群聚形態

〔註36〕裴安平：《中國史前聚落群聚形態研究》，北京：中華書局，2014年，第389～416頁。

的研究為突破口，實事求是地重建中國史前史，重建中國的血緣社會史。

值得期待的是，新的時代正在呼喚中國特色中國風格中國氣派的考古學，也正在呼喚新的理論與方法。

希望關於聚落群聚形態的認識與研究能引起學界的應有重視。

寫於 2020 年 3 月

問道：中國考古學的現狀與未來

　　人類社會實際經歷了從血緣到地緣二大階段。中國的史前就屬血緣社會；史前末期與夏商周時期也屬於血緣社會，但過渡性特點日益增多；春秋戰國及以後才真正屬於地緣社會。由於血緣社會時間早，歷時長，多沒有文字記載，所以史前和夏商周考古就成了中國考古學的重點與難點，也成了現代學術問題積重難返的領域。

一、現狀與問題

　　目前，中國考古學最突出的問題就是慧外莠中，一方面外在絢麗多彩的考古新發現層出不窮，另一方面有關發現的內涵研究，特別是關於史前血緣社會的研究日趨簡單空泛。

　　主要表現在以下五個方面。

（一）誇大了考古學文化與區域類型的作用

　　2010 年，在《中華文明探源工程的主要收穫》一文中，王巍、趙輝二位先生共同認為「中華文明的形成是在一個相當遼闊的空間內的若干考古學文化共同演進的結果。……各文化的區域特色還暗示了在走向文明的進程中各自的方式、機制、動因等也可能不盡相同」[註1]。

　　在這裡「考古學文化」與「區域類型」都變成了一種人類的社會組織，一種歷史的實體與載體；不同的「考古學文化」與「區域類型」還可以帶領自

〔註 1〕王巍、趙輝：《中華文明探源工程的主要收穫》，北京：《光明日報》，2010 年
　　　　2 月 23 日，第 12 版。

己的屬民一起來搞文明和國家起源？！

　　然而，「考古學文化」與「區域類型」都不是人類的組織，也不是歷史的載體和平臺，更不會自主創造歷史；而是物質文化遺存的載體，是物質文化遺存及其演變歷史的研究單位與平臺。

1.「考古學文化」與「區域類型」都是物質類的遺存

　　一般而言，考古學文化是一定的時間與空間範圍內，由一群有特色的遺跡遺物構成的共同體；而考古學文化區域類型則是不同時空範圍內各地考古學文化基於親疏關係而形成的一種物質文化系統。

　　無論考古學文化還是區域類型本質上都是物質類的遺存，是所有各種人類歷史活動遺留的物質遺存及其相互關係。因此，考古學對歷史的研究不能「見物不見人」，不能僅僅只停留在物質文化史研究的層面上，而是要研究隱藏在物質遺存背後人的活動與歷史。

2. 考古學文化及其區域類型都是地緣化的概念

　　考古學文化及其區域類型都是地緣化的概念，並有二個特點。其一，考古學文化本身及其分布範圍都是根據相似的物質遺存的空間分布狀況確定的；其二，分布範圍相當廣闊，雖受自然環境影響有大有小，但大者很多都可匹敵「戰國七雄」，如長江中游的屈家嶺文化、石家河文化，其分布地域即接近東周楚國。但是，史前的人類社會是血緣社會，到處都是分布地域狹小的血緣組織。因此，考古學對歷史的研究不能本末倒置，混淆了二者的區別，並將地緣化物態的考古學文化作為歷史研究的主題和重點對象。

3. 歷史的主人是人和人的組織

　　自有人以來，以血緣為紐帶的組織就一直是人類生產生活的實體。人不僅一直生活在組織中，而且所有的各種各樣的歷史活動都是以組織為單位為載體為平臺而發生的。為什麼歷史時期人類歷史的研究會以國別為單位，就因為國家是歷史時期人類社會流行的組織形態、單位和載體。因此，人類的社會組織就是史前歷史的主人，就是史前歷史及其演變的載體和平臺。研究史前歷史必須以人為本，以組織為本。

4. 歷史的啟示

　　20 世紀 80 年代以後，由於國家改革開放各項政策的深入落實，廣東文化大舉北上，歐美文化大舉東來，但是所有這些物質的非物質的文化因素都

沒有共同「演進」出新的「文明」，「洋裝雖然穿在身，我心依然是中國心」
（張明敏《我的中國心》歌詞）就生動形象地說明，任何文化因素的相似性
都只是不同人類組織之間相互交流的結果，都不會根本性地動搖和改變人類
組織之間各自內在的屬性與關係。因此，不能用文化交流和相似性的研究代
替了血緣社會各自組織屬性和關係的研究。

5. 早期國家與考古學文化的關係是複雜多樣的

一般而言，史前古國的規模與地域都遠遠小於所屬的考古學文化，如史
前長江中游，除了長江以北的湖北天門石家河古國以外，至少江南還有湖南
澧縣雞叫城古國〔註2〕；即使是早期的楚人也只「闢在荊山」，分布範圍遠遠
小於史前的考古學文化。此外，有的國家，如夏的主體範圍實際就跨越了二
個史前文化，東南是河南龍山文化一部，西北是山西龍山文化一部〔註3〕。

因此，根據已有的研究與實踐，「考古學文化」與聚落組織完全是意義不
同的概念，考古學文化最主要的學術意義和價值只在於為以實物資料為主的
考古學的歷史研究提供了科學的時空座標；與此同時，也為以實物資料為主
的相關的歷史研究提供了一定的資料和線索。但是，絕不能將「考古學文化」
等同於人類的社會組織，也不能視其為文明和國家起源的組織者、始作俑者
和歷史平臺。

（二）誇大了「大遺址」與「中心聚落」的歷史意義

2006 年，王巍先生《聚落形態研究與中華文明探源》〔註4〕一文中指出：
史前「重點地區的中心聚落（包括古代都城）。它往往是當時的政治中心、經
濟中心和文化中心，最能反映當時社會各方面的狀況。對中心聚落（包括夏
商周時期的都城）的研究，理所當然地成為我們研究中國古代文明起源的重
點」，「出於為中心聚落中的顯貴們服務的需要」，「衛星聚落一般都位於中心
聚落的周圍」。然而，王巍先生並沒有說清楚哪些「中心聚落」是血緣社會的，
哪些是地緣社會的？是血緣或地緣社會中哪一級的？也沒有說清楚「中心聚
落」與政治、經濟和文化中心的關係？為什麼無論血緣和地緣的「中心聚落」

〔註 2〕裴安平：《中國的家庭、私有制、文明、國家和城市起源》，上海：上海古籍
　　　 出版社 2019 年，第 483～491 頁。
〔註 3〕佟偉華：《二里頭文化向晉南的擴張》，《二里頭遺址與二里頭文化研究》，北
　　　 京：科學出版社 2006 年，第 361～373 頁。
〔註 4〕王巍：《聚落形態研究與中華文明探源》，北京：《文物》，2006 年，第 5 期。

都是政治、經濟、文化中心的歷史原因？

　　實際上，這就是目前中國聚落考古和文明探源工程最失真的理論與方法問題，只要是大遺址，只要裏面被認為特別有「內涵」，就是「政治、經濟、文化中心」，就是「王」。至於是地緣還是血緣的，是哪一級的，以及用什麼樣的標準來確定它們的不同，根本無人問津。其中，河南鞏義仰韶文化中晚期雙槐樹遺址「河洛古國」的誕生，就是繼陝西神木石峁之後又一個最新被譽為「大遺址」和「中心聚落」的典型案例〔註5〕。

　　雙槐樹遺址之所以會成為「河洛古國」，原因之一就是遺址面積大，120萬平方米，為河南鄭洛及環嵩山地區當時最大的遺址；原因之二就是有人認為它特別有內涵，有三重大型環壕、甕城結構的圍牆、封閉式大型居址、大型夯土基址、採用版築法夯築的大型連片塊狀夯土遺跡、經過嚴格規劃的大型公共墓地、夯土祭祀臺、大型墓葬等。可是，至今也沒有一個人說清楚了為什麼這些遺存就成了衡量「古國」或「河洛古國」的標準？

　　事實上，史前古國就是一種在相關血緣組織之間建立了政治上壓迫經濟上剝削的統治關係的新型聚落組織，它的誕生就是血緣組織之間基於實力暴力征服的結果，而衡量實力的主要標準不應該主要是遺址個體規模的大小，也不是哪個特別有「內涵」哪個就是「王」，而是所在聚落組織的屬性與組織規模。雙槐樹遺址所在區域不僅屬丘陵山地，遺址數量少分布相對稀疏；而且本身所在組織充其量也只是一個普通的聚落群團〔註6〕。此外，已有的調查還表明雙槐樹所在組織的整體實力既小於洛陽盆地同時期的有關組織，也不比鄭州地區及其同類組織強。正因此，又怎麼可能以虛弱之軀引領時代潮流，武力征服並統治他人，擔當「河洛古國」之「王」呢？洛陽和鄭州地區同時期那些實力更強大的聚落組織為什麼又不能同時成為「古國」呢？

（三）對號入座教條化馬克思主義

　　以1884年正式出版的《家庭、私有制和國家的起源》為標誌，由於時代早各方面資料匱乏，馬克思主義關於史前社會形態及其特點的研究不免歷史與地域的侷限。對此，自20世紀50年代以來，中國的考古事業取得到了極

〔註5〕左麗慧：《定鼎中原的河洛古國》，鄭州：《鄭州日報》，2020年05月31日，
　　　　第1版。
〔註6〕裴安平：《中國史前聚落群聚形態研究》，北京：中華書局，2014年，第2、
　　　　176～278頁。

大的發展，大量的史前遺跡遺物被發掘出來，並為人們解放思想和深入研究相關問題奠定了堅實的基礎。因此，在自覺還原歷史研究歷史的基礎上，進一步發展馬克思主義成了中國考古人義不容辭的責任和義務。然而，長期以來，考古學界就存在將馬克思主義教條化的傾向，每當遇到問題就簡單地抄襲，或將馬克思主義的一些論述「對號入座。有的時候，馬克思主義在一些特殊歷史條件下的論述甚至還成了一些學者不作為不思進取的護身符和藏身洞。

關於中國一夫一妻制婚姻與家庭出現的時間和原因，許多學者就照搬抄襲馬克思主義的觀點，認為一夫一妻制婚姻和家庭出現的原因就是財富需要正統血緣繼承，沒有財富，就沒有一夫一妻制。但中國考古，特別是北方興隆窪文化〔註7〕、中原裴里崗文化〔註8〕的發現，以及雲南納西族母系氏族社會的調查〔註9〕表明，中國一夫一妻制婚姻與家庭出現的時間很早，至少距今8千年以前，也完全與財富無關，而是自由性愛自由對偶的結果〔註10〕。

關於中國父系社會到來的時間與標誌，許多學者也照搬抄襲馬克思主義的觀點，認為父系社會的到來不僅與一夫一妻制婚姻和家庭的出現，還與私有制和階級的出現有關。但中國考古發現，父系社會的出現完全與一夫一妻制婚姻和家庭的出現無關，也與財富私有制和階級的起源無緣。湖南澧縣城頭山可長期分塊耕作的湯家崗文化稻田〔註11〕、河南鄧州八里崗〔註12〕和淅川下王崗〔註13〕仰韶文化中期適合個體家庭居住房址的發現表明，最遲距今約5500年中國已進入父系社會。究其原因，關鍵是社會生產方式發生了巨大變化，出現了耕作權私有的個體勞動和個體經濟，從而促使男人的社會地位空前提高，促使一夫一妻制婚姻與家庭大為普及，並由此導致父系社

〔註 7〕中國社科院考古研究所內蒙古第一工作隊：《內蒙古赤峰市興隆溝聚落遺址2002～2003年的發掘》，北京：《考古》，2004年，第 7 期。

〔註 8〕河南省文物考古研究所：《舞陽賈湖》，北京：科學出版社，2003年。

〔註 9〕詹承緒等：《永寧納西族的阿注婚姻和母系家庭》，上海：上海人民出版社，1980年。

〔註10〕裴安平：《中國的家庭、私有制、文明、國家和城市起源》，上海：上海古籍出版社，2019年，第78～148頁。

〔註11〕湖南省文物考古研究所：《澧縣城頭山古城址1997～1998年度發掘簡報》，北京：《文物》，1999年，第 6 期。

〔註12〕北京大學考古實習隊：《河南鄧州八里崗遺址發掘簡報》，北京：《文物》，1998年，第 9 期。

〔註13〕河南省文物研究所等：《淅川下王崗》，北京：文物出版社，1989年。

會的到來〔註14〕。

　　關於中國私有制起源的原因，許多學者同樣照搬抄襲馬克思主義的觀點，認為是手工業與農業分工的結果，認為手工業的規模化、分工化、專業化就是私有制‧商品經濟的證據；長江三峽裏的大溪文化居民就因為在河邊遺棄了大量石器殘品，被認為是走在了時代的最前列，並以製作石器為生，至於中國史前手工業有什麼特點，手工業與農業是如何分工的，居然重今無人問津。

　　關於中國早期「社會分工」的原因及其意義，許多學者也照搬抄襲馬克思主義的觀點，認為是生產力的發展促使農業與手工業產生了社會分工，由此還導致商品生產和商品經濟的出現，從而加速了私有制的產生和原始社會的瓦解。但中國考古發現，在血緣社會，由於血緣的隔離和羈絆，根本就不存在，也不可能存在跨血緣的地緣化的社會分工。史前晚期，由於血緣組織的一體化大型化，農業與手工業的分工首先開始發生在跨部落的大型血緣組織內部；夏商周時期，「工商食官」，「世工世族」就充分說明農業與手工業的分工當時也只侷限在統治民族內部，統治民族也絕不可能為被統治民族生產手工製品。因此，血緣組織內部的農業手工業分工既不會導致商品經濟，也不會引起文明和國家的起源。與此同時，中國的考古還發現，中國腦力勞動與體力勞動的分工，城市手工業與鄉村農業的分工既不是同時發生的，也原因互不相同。腦力勞動與體力勞動的分工，一是出現的時間早，大約距今5千年；二是分工的原因不是生產力的發展，而是聚落血緣組織的一體化大型化，並促使核心聚落成為了以腦力勞動為主的統一領導和管理單位。城市手工業與鄉村農業的社會分工，一是出現的時間較晚，因為它發生於地緣社會的歷史條件和背景，所以最早見於春秋戰國時期；二是出現的原因主要是統治階級為攫取更多的財富而開闢的新途徑，本質是官營手工業與農業的分工〔註15〕。

　　關於中國「國家」與「文明」的關係，許多學者也同樣照搬抄襲馬克思主義的觀點，認為國家是文明社會的概括。但中國考古發現，中國的文明起源與國家起源完全是獨立的。距今8千年以前，中國的文明就起源了，關鍵

〔註14〕裴安平：《中國的家庭、私有制、文明、國家和城市起源》，上海：上海古籍出版社，2019年，第78～153頁。

〔註15〕裴安平：《中國的家庭、私有制、文明、國家和城市起源》，上海：上海古籍出版社2019年，第693～697頁。

的證據就是當時的血緣社會內部已出現了史無前例的等級分化。聚落之間的分化是出現了主從關係，核心已進入壕溝以內〔註16〕；人與人之間的分化是地位明顯高低不平，高等級的人已擁有玉器〔註17〕、綠松石〔註18〕等奢侈品。

關於「階級」出現的原因，許多學者甚至完全照搬抄襲馬克思主義的觀點，認為史前晚期生產力的發展不僅促使農業與手工業發生了社會分工，也同時促使了階級的出現。但中國考古發現，血緣社會組織內部的所有成員都是親戚，相互之間只有地位高低不同，根本不存在階級。階級，全社會按地位和財富形成的社會集團和階層，實際是地緣社會的歷史產物和歷史現象，在中國最早出現於春秋戰國時期。

更有意思的是，在關於仰韶文化早期及裴李崗文化是否已出現了父系社會的爭論中，所有研究者都以隨葬器物的多寡為根據，有的認為已經出現了貧富差異，有的認為即使有差異也不明顯。總之，控辨的雙方都在使用同一件「批判的武器」，都在用其之矛攻其之盾。

值得注意的是，20世紀90年代以後，隨著「文明探源」工程的展開與考古政績的需要，照搬抄襲馬克思主義學術觀點的行為還導致了非常嚴重的負面影響，西方歐美與馬克思主義背道而馳的所謂「先進」理論與方法毫無阻礙地在中國考古學界大為流行。

這是一種非常值得警醒的現象。

（四）誇大了歐美四大「先進」理論與方法的作用和意義

自二次世界大戰以來，為了與馬克思主義關於人類早期歷史發展規律和特點的理論劃清界限，西方歐美的人類學考古學紛紛啟用了現代地緣社會學的概念與思想來認識和詮釋史前血緣社會，從而催生了「四大」架空和虛化史前社會原貌的「先進」理論。第一種就是將舊石器時代遺址之間的關係都視為「功能分區」，第二種就是將新石器時代的聚落關係都視為「區域聚落形態」，第三種就是將「酋邦」視為血緣到地緣社會之間的過渡階段，第四種就是將史前有「四級聚落」的地區都視為有國家。

〔註16〕河南省文物管理局南水北調文物保護辦公室等：《河南新鄭唐戶遺址裴里崗文化遺存發掘簡報》，北京：《考古》，2008年，第5期。

〔註17〕劉國祥：《興隆溝聚落遺址：8000年前精美玉器》，北京：《文物天地》，2002年，第1期。

〔註18〕藍萬里等：《河南舞陽賈湖遺址第八次發掘取得重要成果》，北京：《中國文物報》，2014年1月17日，第8版。

　　但是，中國的歷史表明人類社會各種生產生活設施以遺址為單位獨立「功能分區」是很晚才出現的一種歷史現象。一方面，所有史前早中期人類居住遺址內部的各種生產生活功能區，如居住區、手工作坊區、墓葬區等，都是一個整體的組成部分，從未分開成為一個個獨立的遺址；另一方面，那種以遺址為單位獨立的「功能分區」，全部都是史前晚期社會一體化文明化的結果，浙江餘杭瑤山祭壇、塘山玉器作坊遺址即是〔註19〕。

　　在國家出現之前，整個史前社會都是血緣社會，到處都是小型的血緣組織，所以根本就不存在地緣化的「區域聚落形態」和「社區」、「社群」，以及地緣化的「大遺址」、「中心聚落」和「衛星聚落」。

　　至於「酋邦」，一方面在「酋邦」之前中國就根本沒有出現過以孤獨的「遊群」為主要社會組織的時代，另一方面史前晚期中國也根本沒有出現過以「酋邦」為代表的過渡階段〔註20〕，再一方面甲骨文、金文與其他出土文獻至今也沒有發現任何關於「酋邦」的記載。

　　關於史前有「四級聚落」的地區都可視為有國家存在的理論問題也很多，王震中先生就曾指出：「一是劃分和衡量史前聚落等級的標準受研究者主觀因素的影響，因而所劃分出的等級是相對的；二是所謂國家的產生是由四級聚落等級組成和其上有三級決策等級來表示的說法，過於絕對化和教條化，似與中國上古時期即虞、夏、商、周時代的實際情況不符；三是作為區分酋邦與國家的衡量標準，問題的實質並不在於某個聚落群中聚落等級究竟是由三級還是四級構成……」〔註21〕。

（五）罔顧血緣社會的復原與研究

　　主要表現就是根本不研究血緣社會的聚落組織和群聚形態。

　　實際上，血緣社會是人類歷史的主要部分。不僅時間最早，而且歷時最長，達數百萬年之久。在中國，血緣社會還包括了舊石器時代、新石器時代、夏商週三大段。所以，復原血緣社會就是復原人類歷史的主要部分。

　　值得注意的是，聚落群聚形態不僅是血緣社會人類共同生產生活的組織

〔註19〕浙江省文物考古研究所：《良渚遺址群》，北京：文物出版社，2005年。
〔註20〕裴安平：《中國考古與酋邦》，《湖南省文物考古研究所建所三十週年紀念文集》，北京：科學出版社2016年。
〔註21〕王震中：《國家形成的標誌之管見——兼與「四級聚落等級的國家論」商榷》，北京：《歷史研究》2010年，第6期。

的物化形態，還是人類社會一切生產生活事務與活動的單位與平臺，是人類歷史演變的主角和載體。因此，考古學復原和研究血緣社會就必須以聚落組織及其群聚形態為單位為平臺。

然而，令人憂心的是，中國考古學一方面將歐美的「先進」理論作為了自己的指導思想，完全淡化忽視了血緣社會的復原與研究；而另一方面卻又在精彩不斷的考古新發現和有關權力的掩護下，對強化血緣組織研究的學術呼聲和觀點〔註22〕視而不見充耳不聞，以致上述五大學科問題都還在繼續「滾雪球」，未有盡期。

二、問道與未來

20世紀90年代，以馬克思主義、文化區域類型等理論為支撐，以蘇秉琦先生為帶頭人的中國考古學派在全球範圍內崛起；但是，隨著改革開放的深入和擴大，研究重點的轉移，中國考古學並沒有繼續發揚光大，並借新時代新課題「文明探源」的需要創新基礎理論與方法，而是一方面固守考古學文化與區域類型研究的傳統，「見物不見人」，教條化馬克思主義，另一方面又無遮無攔地引進歐美二次世界大戰以後流行的「四大先進」理論與方法，並簡單的以「大遺址」和「中心聚落」為史前考古重點；浙江良渚瓶窯古城之所以能按西方標準入選「世界遺產」〔註23〕，河南鞏義雙槐樹仰韶文化晚期遺址之所以能被專家抬舉為「河洛古國」，就充分說明中國考古學派已黯然失色，並與歐美越走越近；與此同時，也說明中國考古學唯有創新理論和方法才能重生，才能走出慧外秀中華而不實的困境，才能真正創建具有中國特色、中國風格、中國氣派的考古學。

根據已有的發現和探索，聚落組織與群聚形態的研究不僅是考古學復原血緣社會研究血緣社會的必由之路，還是理解和認識血緣社會特點與歷史的金鑰匙，更是重振中國考古學的突破口。

（一）考古學必須「以人為本」復原和研究歷史

1959年，當時的蘇聯科學院決定將蘇聯科學院物質文化史研究所改名為

〔註22〕裴安平：《文明探源，源在何方》，《紀念石家河遺址考古發掘60年學術研討會論文集》，北京：科學出版社2019年，第382～397頁。

〔註23〕裴安平：《質疑世界遺產「良渚古城遺址」認識的十大學術泡沫》，www.peianping. com/新文稿。

蘇聯科學院考古研究所，因為物質文化史研究所不能擔當和完成以考古遺跡遺物為基礎研究人類遠古歷史的任務〔註24〕。這是世界範圍內的一次重大學科進步，並意味著考古學開始自覺成為了真正的歷史科學。

20世紀60年代，以美國青年學者路易斯‧賓福德（Lewis Binford）為代表興起了「新考古學」派，並強調注重以考古遺存來研究人類活動的行為和過程，以重建史前人類生活〔註25〕。雖然「新考古學」並沒有產生有代表性的影響全局的「重建史前人類生活」的考古成果，但它卻是世界範圍內一次考古學必須「以人為本」的思想解放高潮，影響巨大而深遠。

中國考古學也經歷過類似的過程。1958年北京大學考古專業的學生就曾發起過一場批判「見物不見人」運動〔註26〕，並引起了蘇秉琦等老一代考古學家的思考。1991年，一批青年考古學者匯聚在山東兗州又一次吹響了「見物要見人」的思想解放號角〔註27〕。

顯然，伴隨著一次又一次思想解放運動的出現，考古學的學科性質與目標也越來越清晰越來越明確，並說明考古學是一門歷史科學，而人類是歷史的主人，所以作為歷史科學就必須「以人為本」。

考古發現，聚落及其群聚形態不僅是人類血緣社會居住、生產、生活的基地和組織形態，而且還是所有歷史遺存中唯一貫穿整個血緣社會時代的遺跡遺物，因而也是考古學「以人為本」復原和研究歷史必須直面而不可迴避的遺存和課題。

（二）群聚是血緣社會人類基本的生活與組織方式

考古證明，從舊石器早期開始一直到夏商周時期，人類的居住地就一直存在以血緣為基礎近距離相聚的群聚現象〔註28〕。

人類為何會需要群聚？為何就不能獨立生存各自為政？

〔註24〕《蘇聯科學院物質文化史研究所更名》，北京：《考古》，1960年，第2期。

〔註25〕霍巍：《評歐美「新考古學派」——兼論我國史前考古學傳統模式的變革》，成都：《四川文物》，1992年，第1期。

〔註26〕李志義：《科學躍進中的北大考古專業》，北京：《考古》，1958年，第12期；北大考古專業資產階級學術批判小組：《從輝縣發掘報告看考古界的資產階級方向》，北京：《考古》，1958年，第12期。

〔註27〕裴安平：《紀念1991年山東兗州全國中青年考古工作者理論研討會》，www.peianping.com/紀念。

〔註28〕裴安平：《中國史前聚落群聚形態研究》，北京：中華書局，2014年，第26～66頁。

原因有三。

第一，人的自然屬性使然。

從舊石器時代早期開始，史前各個歷史時期人類居住生活的遺址與聚落絕大多數就群聚在自然食物資源相對豐富與居住環境相對優越的地區。這種現象表明群聚不是一種歷史發展和演變的結果，而是人類與生俱來的特點。人本身就是自然的一個組成部分；人類對自然食物及居住環境的追求本身就是一種自然行為，是一種天性；因而由此而引發的遺址或聚落群聚現象，本質上也就是人的自然屬性使然。

第二，人的社會屬性使然。

截至目前為止，世界各地當代原始民族的調查皆表明，在古國形成與建立之前，各原始民族在空間上都具有明顯獨立集中的分布態勢，而且內部組織單位也多以血緣為紐帶。這種現象與我國史前所見聚落群聚的組織形態和空間分布狀況具有明顯的一致性﹝註29﹞。此外，我國三代的考古，以及金文、甲骨文、出土文獻、歷史文獻的記載也共同表明，即使商周時期，血緣依然是社會最基本的組織紐帶。之所以如此，一方面是生產資料集體所有，農業出現以前是自然食物生產地集體所有，農業發生以後是土地集體所有；另一方面也是婚姻的要求，尤其是母系氏族社會時期，普遍的「族外婚」、「走婚」、「對偶婚」都要求有關的聚落或村寨，既要距離較近以便晚出早歸，又要路途安全可以世代相守。再一方面，就是相互保護，尤其是保護共有的食物資源地與耕作土地、水資源地的需求。由此可見，群聚也完全是人的社會屬性使然。

第三，生產力狀況使然。

石器時代，一方面社會生產力相對較低，人數的多寡本身就是生產力大小的主要標誌；另一方面獨立平等的人類群體規模小，人數少。因此，有條件的組織起來，以小變大，加強互助，不失為適應生產力水平低下的一種最佳選擇。此外，在農業發生以前，人們還需要聯合起來佔有和保護自己的自然食物資源地。農業發生之後，對土地和水利資源的長期佔有又使人們有了更多聯合起來的理由。

顯然，人類的存在自古以來就不是以獨立生存各自為政的「遊群」或「遊

﹝註29﹞ 裴安平：《中國史前聚落群聚形態研究》，北京：中華書局，2014 年，第 96～112 頁。

團」為單位，而是以血緣組織為單位。群聚不僅是史前人類最基本的生活方式和普遍的社會組織形態，而且還是利用自然環境並適應生產力發展水平的必然選擇。因此，也是「以人為本」復原和研究血緣社會歷史的必然選擇。

（三）世界各地民族學資料的啟發

根據前蘇聯澳大利亞和大洋洲各族人民的調查〔註30〕，中國詹承緒、嚴汝嫻、宋兆霖等雲南永寧納西族阿注婚姻和母系家庭的調查〔註31〕，韓軍學先生雲南佤族的調查〔註32〕，童恩正關於非洲尼日利亞蒂夫人（Tiv）社會組織的簡介〔註33〕，尤其是美國路易斯・亨利・摩爾根（Lewis Henry Morgan）關於美洲印第安人的調查〔註34〕，使考古學獲得了五個重要的啟示。

第一，史前社會是一個血緣社會。

> 不論在地球上任何地方，不論在低級、中級或高級野蠻社會，都不可能從氏族制度下面自然產生出一個王國來（摩爾根《古代社會》，商務印書館 1977 年，P122；下文簡稱《古代》）。

這話說明，在地緣「王國」之前存在一個血緣的「氏族」社會。

第二，聚落就是聚氏族而居的居住地與場所。

> 在新墨西哥州、墨西哥和中美的村居印第安人中，一個狹小地區人口的增長並未妨礙分化的過程。每一個村落通常就是一個獨立的自治團體。（《古代》P108）

> 到發現美洲的時候，全北美的印第安人都已依照母權制組成為氏族（恩格斯《家庭、私有制和國家的起源》，《馬克思恩格斯選集》第四卷，人民出版社 1974 年，P85；下文簡稱《起源》）。

第三，部落就是血緣社會人類生產生活最基本的實體組織。

> 印第安人的部落自有其鮮明的特徵，而且是美洲大部分土著所

〔註30〕 C・A・托卡列夫等：《澳大利亞和大洋洲各族人民》，北京：生活・讀書・知新三聯書店，1980 年。

〔註31〕 詹承緒等：《永寧納西族的阿注婚姻和母系家庭》，上海：上海人民出版社，1980 年；嚴汝嫻、宋兆麟：《永寧納西族的母系制》，昆明：雲南人民出版社，1983 年。

〔註32〕 韓軍學：《佤族村寨與佤族傳統文化》，成都：四川大學出版社，2007 年，第35〜37 頁。

〔註33〕 童恩正：《文化人類學》，上海：上海人民出版社，1989 年，第 221 頁。

〔註34〕 摩爾根：《古代社會》，北京：商務印書館，1997 年。

具有的基本組織。其最突出的特色就是有著大量獨立的部落，這是由於自然的分裂過程造成的。每一個部落都自有其名稱，自有其不同的方言，自有其最高政府，自有其所佔據所保衛的領土，因此它便各自具有特色（《古代》P101）。

絕大多數的美洲印第安人，都沒有超過聯合為部落的階段（《起源》P89）。

第四，近距離群聚就是血緣組織的基本特色。

部落由此及彼演變的自然過程，或體現了從一個定居於優越地帶的母部落分離出去的自然過程。⋯⋯每一批移民⋯⋯他們在起初是想儘量保持與母部落的關係。⋯⋯不論怎樣擴張他們的共同疆域，其領土總是相互毗連，這是一個值得注意的事實（《古代》P106～107）。

每一個村落通常就是一個獨立的自治團體。如幾個村落共沿一條河流而彼此鄰近，其居民往往出自同源，而且他們或者處於同一部落政府之下，或者處於同一聯盟政府之下（《古代》P108）。

第五，聚落群聚形態就是血緣社會組織形態的物化反映。

根據以上四個方面的啟發不難發現，現代史前考古所見聚落的群聚現象實際就是血緣社會組織形態的物化反映。

因此，聚落群聚形態的研究是考古學追本溯源復原史前歷史研究史前歷史的最佳切入點與突破口。

（四）群聚既是社會發展的反映又是社會發展的平臺

考古顯示，史前聚落的群聚形態本身就是社會發展的反映，並隨著社會的發展而變化〔註35〕。

第一階段：舊石器時代與新石器時代中期中段，距今約 3 百萬～8 千年。

由於地廣人稀，人類的食物全部都是自然食物，所以當時社會發展的矛盾主要是人與自然的矛盾。與此同時，人類居住地及其組織的群聚形態都以血緣為基礎，相互獨立平等，分布稀疏。

第二階段：新石器中期晚段與晚期早段，距今約 8～6 千年。

由於人口增加和農業的發生，社會發展的主要矛盾開始轉變為人與人之

〔註35〕裴安平：《中國史前聚落群聚形態研究》，北京：中華書局 2014 年。

間的矛盾。與此同時，人類居住地及其組織的群聚形態也發生了前所未有的變化，實力開始成為新型的組織紐帶。在實力的基礎上，聚落之間一方面出現了地位等級化，出現了主從關係，有實力的聚落成為了部落的核心〔註36〕；另一方面，聚落群及部落首先也開始基於實力一體化，變各成員相互獨立平等為統一領導和管理。

第三階段：新石器晚期中段，距今約 6～5 千年。

隨著社會矛盾的進一步激化，聚落群的一體化再次升級，核心聚落由環壕（濠）聚落變成了城址〔註37〕。

第四階段：新石器晚期晚段，距今約 5～4.5 千年。

為了應對日趨激化的社會矛盾，聚落組織在一體化的基礎上開始大型化和分布緊湊化，出現了抱團相聚的新式的一體化聚落群團，以往關係鬆散的臨時性部落聯盟開始成為永久性聯盟，有實力的聚落群開始成為永久性部落聯盟的核心聚落群〔註38〕。

第五階段：新石器晚期末段，距今 4.5～4 千年。

由於矛盾進入到不可調和的階段，所以社會同時崛起了聚落集團、早期國家、古國等新型一體化超大型聚落組織，有實力的一體化聚落群團開始成為這些組織的核心〔註39〕，整個社會也開始由血緣向地緣過渡。

考古還顯示，聚落組織與群聚形態不僅隨著歷史的變化而變化，而且還為同時期人類社會各種歷史變化提供了平臺。

第一階段：以自然的聚落群為歷史主角。

這一階段人口相對稀少，自然的聚落群或部落就是人類生產生活的實體單位，相互獨立平等；流行採集和捕撈為主的自然經濟，流行集體勞動集體消費的自然生產方式，流行自然的「族外婚」〔註40〕；除了臨時性的部落聯盟以外，也不需要永久性的部落聯盟；所有的遺址和聚落之間沒有一個有標

〔註36〕河南省文物管理局南水北調文物保護辦公室等：《河南新鄭唐戶遺址裴里崗文化遺存發掘簡報》，北京：《考古》，2008 年，第 5 期。

〔註37〕湖南省文物考古研究所：《澧縣城頭山》，北京：文物出版社，2007 年。

〔註38〕湖北省文物考古研究所：《湖北京山屈家嶺遺址群 2007 年調查報告》，武漢：《江漢考古》，2008 年，第 2 期。

〔註39〕湖北省文物考古研究所：《大洪山南麓史前聚落調查》，武漢：《江漢考古》，2009 年，第 1 期。

〔註40〕裴安平：《中國的家庭、私有制、文明、國家和城市起源》，上海：上海古籍出版社，2019 年，第 13～43 頁。

誌地位和等級的遺跡與設施。

第二階段：以環壕（濠）聚落為代表的一體化聚落群開始成為歷史的主角。

隨著人口與聚落的大量增加，生產性經濟成為人類食物的主要來源，這一階段的聚落社會發生了許多重要變化。一方面，實力成為血緣之上新的組織紐帶，各成員之間出現了等級分化，出現了主從關係，實力強勁的核心聚落還開始享受環壕（濠）的保護〔註41〕；另一方面，人與人之間也開始等級分化，高等級的人開始擁有了奢侈品玉器〔註42〕、綠松石〔註43〕製品，與此同時還出現了專門製作奢侈品的特殊手工業；再一方面社會生產方式也發生了重大變革，在血緣集體的範圍內，在生產資料集體所有制的基礎上，出現了以耕作權私有為特點的個體勞動和個體經濟〔註44〕。

第三階段：以城址為代表的一體化聚落群開始成為歷史的主角。

隨著社會矛盾的激化，社會的變革更加廣闊，核心聚落不僅由環壕（濠）聚落升級為城址，而且母系社會轉變為父系社會，一夫一妻制婚姻與家庭普及並成為血緣社會最小的組織與經濟單位。

第四階段：以內外雙城城址為代表的一體化聚落群團開始成為歷史的主角。

為了應對社會矛盾激化升級的時代挑戰，以往相互關係鬆散的臨時性部落聯盟即聚落群團開始在利益的基礎上重組與整合，並在實力的基礎上改造成了一種實行統一領導和管理的一體化聚落群團。隨著這種全新社會組織的誕生，人類社會的變革更加深刻。一方面一體化聚落群團的出現標誌著人類社會第一代政治中心的崛起，從而導致「貴族」的出現，導致「禮器」的出現；另一方面，在聚落群團血緣組織的範圍內人類社會第一次出現了腦力與體力勞動、農業和手工業的分工；再一方面，同一社會組織的核心出現了分級，核心聚落是一級並可以住在內城裏，核心聚落群其他成員是二級可以住

〔註41〕河南省文物管理局南水北調文物保護辦公室等：《河南新鄭唐戶遺址裴里崗文化遺存發掘簡報》，北京：《考古》，2008 年，第 5 期。
〔註42〕劉國祥：《興隆溝聚落遺址：8000 年前精美玉器》，北京：《文物天地》，2002年，第 1 期。
〔註43〕藍萬里等：《河南舞陽賈湖遺址第八次發掘取得重要成果》，北京：《中國文物報》，2014 年 1 月 17 日，第 8 版。
〔註44〕裴安平：《史前私有制的起源與發展》，《俞偉超先生紀念文集》，北京：文物出版社，2006 年，第 127～156 頁。

在外城裏〔註45〕。

第五階段：一個以聚落集團、早期國家、古國為歷史主角的時代。

由於社會矛盾開始進入你死我活的時代，從而導致聚落社會發生了三個方面的重大變化。一方面同時出現了聚落集團、早期國家、古國等新型超大型聚落組織，社會一體化的範圍第一次從血緣跨入地緣；另一方面隨著內部各聚落組織之間統治關係的建立，具有政治上壓迫經濟上剝削特點的古國的出現，人類歷史上第一次出現了不勞而獲的生存模式；再一方面城址大型化更加明顯，出現了一個聚落群團集體居住的城址，還出現了一個聚落集團集體居住的城址〔註46〕。

顯然，回眸中國的史前史不難發現，聚落的群聚形態無論哪一種類型都並非置身於歷史之外的怪物，而是與歷史發展息息相關的產物。一方面，它的形態演變歷史無一不與重大的歷史事變緊密聯繫在一起；另一方面，各種歷史的重大事變又無一不是在這個平臺上的演繹和展開。

長期以來，中國考古學界一直認為聚落的分布就是一盤散沙；但20世紀90年代以後，跟在歐美「區域聚落形態」理論的後面，中國考古人又開始認為史前晚期聚落之間出現了地域性的「區域」形態，出現了「中心聚落」和「衛星聚落」。但實際上，中國的考古早已表明歐美的理論是錯誤的，因為自有人類以來就有基於血緣的氏族社會，就有基於血緣的聚落群聚形態〔註47〕，聚落群聚形態本質上就一直是血緣社會組織形態的物化結果和反映，是歷史演變的平臺，也是考古學復原和研究血緣社會的必由之路。

結束語

2020年9月28日，在黨中央政治局學習會上，習近平主席指出「要高度重視考古工作，努力建設中國特色、中國風格、中國氣派的考古學」，為中國考古學的發展指出了方向。然而，在精彩考古發現的遮掩下，固守考古學文化的研究理論，誇大「大遺址」與「中心聚落」的意義，教條化馬克思主義，無遮攔地引進歐美的「先進」理論，罔顧血緣社會的復原與研究，必將導致中國考古學慧外莠中華而不實。正因此，新的時代需要新的理論，只有新

〔註45〕 梁中合：《日照堯王城的新發現、新收穫與新認識》，北京：《中國社會科學院古代文明研究中心通訊》第30期。
〔註46〕 陝西省考古研究院：《發現石峁古城》，北京：文物出版社，2016年。
〔註47〕 裴安平：《中國史前聚落群聚形態研究》，北京：中華書局，2014年。

的符合歷史唯物主義精髓的聚落群聚形態理論才能真正建起有「中國特色、中國風格、中國氣派的考古學」。

發表於 2021 年《齊魯學刊》第 3 期

聚落群聚形態研究論綱

　　一般而言，聚落群聚形態就是血緣社會的聚落遺址相互近距離相聚而形成的一種長期穩定的遺存與空間分布形態。

　　根據成因不同，聚落群聚形態又可明顯分為二種屬性完全不同的類型。一種主要因自然原因而形成，可謂之「群落」（圖 1-1），其空間分布形態又可稱為「群落形態」；另一種主要因人為社會原因而形成，可謂之「組織」（圖 1，2，3），其空間分布形態又可稱為「組織形態」。專門以這二種群聚類型及其空間分布形態為主要對象和內容的研究就統稱為聚落群聚形態研究。

　　又由於人類社會組織的群聚形態早晚不同。早期，史前及夏商周時期，人類社會流行的群聚形態以血緣為紐帶，只有同一血緣組織的聚落才群聚在一起；晚期，主要是春秋戰國及以後，人類社會流行的群聚形態以地緣化的民族為紐帶，只有同一民族的村落而不是聚落才群聚在一起。因此，只有以復原和研究血緣社會為目的的研究才是真正的聚落群聚形態研究。

　　這種研究也是史前聚落考古和聚落形態研究的重要組成部分。

一、聚落群聚形態研究的科學依據

　　從事聚落群聚形態的研究主要包括四個方面的依據。

（一）群聚是人類與生俱來的生活方式與組織方式

　　考古與民族學資料共同證明，遺址就是保存有人類歷史遺存的地點和場所，而聚落則是人類以血緣為紐帶聚氏族而居的地點和場所。其中，只有一個聚落居住的遺址就稱為單聚落遺址（圖 3，2），有二個聚落居住的遺址就稱

為雙聚落遺址，有三個或更多聚落居住的遺址就稱為多聚落遺址（圖2，3）。

圖1：廣西百色盆地（1）、安徽水陽江流域（2）、河北陽原泥河灣盆地大田窪臺地（3）舊石器早期遺址分布示意圖

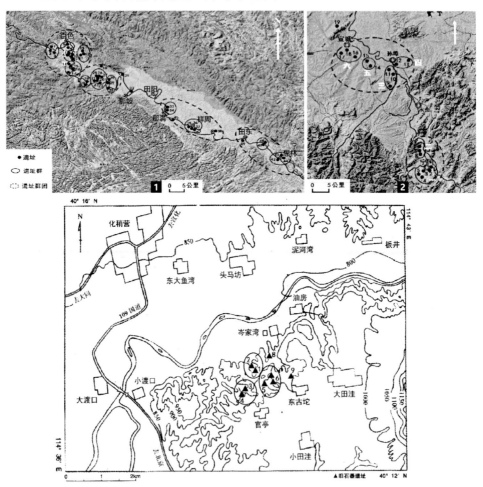

1引自：王幼平《中國遠古人類文化的源流》；2引自：房迎三《水陽江舊石器地點群埋藏學的初步研究》；3引自：謝飛等《泥河灣舊石器文化》。圖中虛、實線圈為本文作者所加

　　從舊石器早期開始，人類的活動與居住地點就存在明顯長期穩定的群聚形態。一方面，大量的聚落遺址匯聚在自然地理條件比較優越的地區，並形成了一種獨特的人文景觀——聚落群落（圖1，1）；另一方面，在這些群落的內部，又明顯可見二種不同的社會組織形態。一種是以聚落為單位近距離相聚而組成的聚落群，另一種是以聚落群為單位近距離相聚而組成的

聚落群團（圖1，2、3）。無論哪一種群聚形態，它都表明人類的生存從來就不是以個別群體個別遺址為單位的單獨與孤立行為，也不是總處在不停地遊動狀態之中，而是在一定自然環境支持下趨向長期穩定的組織方式和生活方式。

新石器時代的聚落群聚現象不僅源於舊石器時代，而且還有所發展。

史前人類為何就需要群聚？為何就不能獨立生存各自為政呢？

原因有四。

第一，人的自然天性使然。

考古發現，從舊石器時代早期開始，中國史前各個歷史時代人類的居住遺址與聚落絕大多數就群聚在自然資源相對豐富且地域寬敞的地區。這種現象表明群聚不是一種歷史演變的結果，而是人類與生俱來的習性。人本身就是自然的一個組成部分，一個分子；對自然食物及其他自然資源的追逐，以及由此而促成的聚落群落，本質上都是人的自然天性使然。

第二，人的社會屬性使然。

由於各組織群體內所有的人都是同血緣的親戚，雖然由於人口的增加和生產能力的不足，不斷分家了，但相互之間還是親戚，原本的婚姻關係依然存在。因此，自有人類以來就有同血緣的「族外婚」，即部落內氏族之間的婚姻〔註1〕。為了方便婚姻，也要求各自居住聚落之間的距離不能太遠。

第三，生產力低下使然。

舊石器時代，一方面社會生產力相對較低，人數的多寡本身就是生產力大小的主要標誌；另一方面單獨的人類群體規模很小，人數很少。因此，有條件的組織起來，以小變大，加強互助，不失為適應生產力低下狀況的一種最佳選擇。此外，舊石器時代的人們還需要聯合起來共同佔有和保護自己的自然食物資源地；而新石器時代，尤其是農業發生之後，為了長期穩定地佔有土地和水利資源又使人們有了更多聯合起來的理由。

第四，穩定發展的需要使然。

穩定一直是人類社會發展所追求的目標，也歷來是人類社會可持續發展所要求具備的必要條件，而實力又是維持穩定所必需具備的條件。所以，在生產力水平低下，人類群體規模小，人數少的背景下，走團結聯合之路，才

〔註1〕裴安平：《中國的家庭、私有制、文明、國家和城市起源》，上海：上海古籍出版社，2019年，第13～44頁。

能增強實力，維持和平，從而有利於人類及人類社會自身的長期發展，有利於人類知識與文化的創造、積累和傳播。

因此，群聚不僅是史前人類最普遍的社會組織形態與生活方式，而且還是利用自然環境適應生產力發展水平謀取最佳發展結果的必然選擇。

（二）群聚也是世界各地原始民族的生活與組織方式

為了顯示世界各地原始自然民族的生活與組織方式，這裡將分別摘錄和簡介摩爾根、馬克思、恩格斯、前蘇聯科學院民族研究所、詹承緒、嚴汝嫻、宋兆霖、韓軍學等先生各自著作中關於美洲印第安人、澳大利亞原住民，以及中國雲南永寧摩梭人與西盟佤族人的居住地分布與特點。

1. 美洲印第安人居住地的分布與特點

（1）關于氏族與部落

摩爾根：

> 印第安人的部落自有其鮮明的特徵，而且是美洲大部分土著所具有的基本組織。其最突出的特色就是有著大量獨立的部落，這是由於自然的分裂過程造成的。每一個部落都自有其名稱，自有其不同的方言，自有其最高政府，自有其所佔據所保衛的領土，因此它便各自具有特色（《古代社會》，商務印書館，1997，P101；以下簡稱《古代》）。

> 部落由此及彼演變的自然過程，或體現了從一個定居於優越地帶的母部落分離出去的自然過程。……每一批移民都具有軍事殖民的性質，其目的在於找尋和佔有一塊新地域；他們在起初是想儘量保持與母部落的關係。他們就以這種連續不斷的遷移運動來力求擴大他們的共同領土，然後又力求抵抗異族入侵他們的疆域。……不論怎樣擴張他們的共同疆域，其領土總是相互毗連，這是一個值得注意的事實（《古代》P106～107）。

> 在新墨西哥州、墨西哥和中美的村居印第安人中，一個狹小地區人口的增長並未妨礙分化的過程。每一個村落通常就是一個獨立的自治團體。如幾個村落共沿一條河流而彼此鄰近，其居民往往出自同源，而且他們或者處於同一部落政府之下，或者處於同一聯盟政府之下（《古代》P108）。

他們的領土包括他們實際居住的地域，還包括他們在漁獵時足跡所到的周圍地區那麼大的範圍，同時也得是他們有能力防禦其他部落侵入的範圍。如果他們的緊鄰是操不同語系方言的部落，那麼在雙方領土之間，就有一片廣闊的邊區是中立地帶，不屬於任何一方；但如果彼此是操同一語系方言的部落，則這個間隔地帶比較狹小，也不是劃分得那麼清楚（《古代》P109）。

馬克思：

當一個村落的人口過多時，移民們便沿著這個村落河流的上游或下游另行建立新村落……（《摩爾根〈古代社會〉一書摘要》，人民出版社，1965 年，P97；以下簡稱《摘要》）

在新墨西哥、墨西哥及中美的定居印第安人中，在一狹小地區內的人口的增長，並未阻止分解的過程。如有幾個村落沿著一條河流彼此分布在不遠的地區內，則其居民通常都是出自一個共同的血統並結合在同一個部落或聯盟的組織之內（《摘要》P103）。

一個部落的領土，包括村落所在地，及該部落從事漁獵的、且能防禦其他部落侵略的周圍地帶；在此以外，如果鄰近部落講著另外一種語言，則在該部落與相鄰部落之間有一寬闊的中立地帶，誰也不能佔據這個地帶；如果鄰接的是同一語言中另一方言的部落，則中立地帶較為狹小，界限也不大明確了（《摘要》P104）。

恩格斯：

到發現美洲的時候，全北美的印第安人都已依照母權制組成為氏族（《家庭、私有制和國家的起源》，人民出版社，1974 年，P85；以下簡稱《起源》）。

絕大多數的美洲印第安人，都沒有超過聯合為部落的階段（《起源》P89）。

美洲印第安人部落有什麼特徵呢？

1. 有自己的地區和自己的名稱。每一部落除自己實際居住的地方以外，還佔有廣大的地區供打獵和捕魚之用。在這個地區之外，還有一塊廣闊的中立地帶，——直延伸到鄰近部落的地區邊上；在語言接近的各部落中間，這種中立地帶比較狹小，在語言不接近的各部落中間，中立地帶比較大。（《起源》P87）。

（2）關於部落聯盟

摩爾根：

凡屬有親屬關係和領土毗鄰的部落，極其自然地會有一種結成聯盟以便於互相保衛的傾向。這種組織起初只是一種同盟，經過實際經驗認識到聯合起來的優越性以後，就會逐漸凝結為一個聯合的整體（《古代》P120）。

聯盟是既存的因素因時而自然產生出來的。一個部落一旦分化為幾個部落之後，這幾個部落各自獨佔一塊領土而其領土相互鄰接，於是它們便以同宗氏族為基礎，以方言接近為基礎，重新結合成更高一級的組織，這就是聯盟（《古代》P121）。

各部落在聯盟中，在權利、特權和義務方面均處於平等地位（《古代》P130）。

恩格斯：

絕大多數的美洲印第安人，都沒有超過聯合為部落的階段。他們的人數不多的部落，彼此由廣大的邊境地帶隔離開來，而且為不絕的戰爭所削弱，這樣他們就以少數的人口佔有遼闊的地面。親屬部落間的聯盟，常因暫時的緊急需要而結成，隨著這一需要的消失即告解散。但在個別地方，最初本是親屬部落的一些部落從分散狀態中又重新團結為永久的聯盟，這樣就朝民族〔Nation〕的形成跨出了第一步。

2. 澳大利亞原住民居住地的分布與特點

部落有自己的部落名稱，自己的確定的地域，自己的方言，自己的習俗。在絕大多數場合下，部落的這一切特徵十分明確地把各個部落區別開來了。

部落在澳大利亞人的生活中起了非常重要的作用。澳大利亞人必須服從部落的習俗，不遵守就要被處死或被驅逐，而驅逐也就等於真正的死刑一樣，因為別的部落照例是不會接納這種被逐的人的，而一個人生活在部落之外，即意味著每時每刻都有被非法打死的危險。相反地，同部落的人則隨時隨地都互相支持，例如柯爾曾寫道：在他們之間存在「強烈的同胞感情」。部落不僅是這個集體的領域內的最高主人，它對外則保衛著他們的共同利益，而且它也干

預本部落成員的私人生活、締結婚姻及其他等問題（蘇聯科學院民族研究所：《澳大利亞和大洋洲各族人民》，生活・讀書・知新三聯書店，1980年，P195）。

3. 中國雲南永寧摩梭人的村寨分布與特點

主要位於雲南寧蒗縣永寧壩區與瀘沽湖畔的摩梭人屬納西族的一支。根據詹承緒、嚴汝嫻、宋兆麟的介紹〔註2〕，那裡的摩梭人長期處於母系氏族社會階段。

相傳他們的祖先是由北方遷來的，初到瀘沽湖地區時，共有六個「爾」。爾的含義是「一個根骨」，即由一個始祖母的後裔組成的血親集團，也就是母系氏族集團。

6個氏族進入瀘沽湖地區後，西、胡、牙、峨4爾集中住在黑底，即永寧壩子；布爾和�搓爾住在布底，即瀘沽湖所在地（圖2，1）。「斯日」是由爾分裂出來的比爾小的母系血緣集團，可算女兒氏族，含義也是「一個根骨的人」。

民主改革前，溫泉鄉的居民屬胡爾和峨爾。峨爾包括薩達布、哈巴布、衣布、阿古、軟格5個斯日，聚居南部各村。胡爾包括瓦虎、瓦拉兩個斯日，主要聚居在該鄉的北部。此外，溫泉鄉還保存一些以斯日的血緣為紐帶組成的村落，如軟格斯日居住在軟格瓦，薩達布斯日居住在阿古瓦，哈巴布斯日居住在拉梅瓦，衣布斯日居住在衣馬瓦，阿如斯日居住在阿如瓦；瓦拉斯日居住在瓦拉片；瓦虎斯日居住在八瓦（圖2，1、4、5、7、8）。

4. 中國雲南西盟佤族的村寨分布與特點

根據韓軍學先生的《佤族村寨與佤族傳統文化》（四川大學出版社2007年，P35～37）的介紹，西盟佤族村寨的歷史源流關係非常清楚，當地的佤族村寨之間，也曾有部落性質的關係。

20世紀50年代，西盟佤山一般劃分為永廣、馬散、翁嘎科三大部落，分別位於西盟縣的北部、中部、南部（圖2，2）。三大部落之間，又存在著岳宋、夕格拉等若干小部落。部落中的各個村寨之間基本上都是相互獨立的，不存在從屬關係。

〔註 2〕詹承緒等：《永寧納西族的阿注婚姻與母系家庭》，上海：上海人民出版社，1980年；嚴汝嫻、宋兆麟：《永寧納西族的母系制》，昆明：雲南人民出版社，1983年。

圖 2：雲南永寧納西族（1）、西蒙佤族村寨（2）分布圖與內蒙古敖漢旗興隆
溝興隆窪文化多聚落遺址（3）、河南新鄭唐戶裴李崗文化多聚落遺址
（4）位置圖

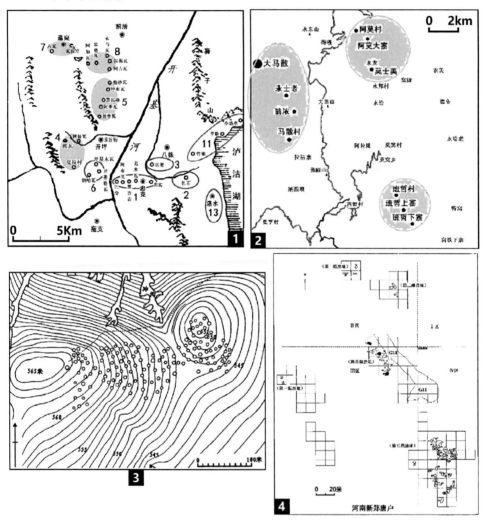

1 引自：詹承緒等《永寧納西族的阿注婚姻與母系家庭》，其中第 7 組村寨為原「胡
爾」，第 4、5、8 組村寨為原「峨爾」；2 引自：韓軍學《佤族村寨與佤族傳統文化》；
3 引自：邱國斌《內蒙古敖漢旗新石器時代聚落形態》；4 引自：張松林《鄭州市聚落
考古的實踐與思考》。圖中虛、實線圈及灰色區為本文作者所加

　　大馬散寨是馬散部落的中心村寨。人們習慣上所說的馬散部落，共包括
了散佈在周圍的小馬散、翁濃、永士老以及阿莫、中課、班哲、莫士美等十多
個大的村寨 40 多個小寨。這些村寨，有的是由大馬散寨遷出去的人家建立

的，屬於馬散的「子寨」，有的是由「子寨」再分遷建立的「孫寨」，因此它們都被視為馬散部落的成員。

（三）群聚是早期人類社會發展的反映

人類曾先後經歷過血緣社會與地緣社會二大階段。中國的史前即屬於血緣社會；夏商周時期屬於過渡階段，國體雖然地緣化了，但政體和社會的基層組織仍然還是血緣化的。

考古表明，中國以血緣為紐帶的聚落群聚形態前後經歷了五大發展與演變階段。

第一階段：舊石器——新石器中期中段，即距今 3 百萬～距今 8000 年，完全是一個以自然狀態和自然部落為社會實體組織的階段（圖 1，2、3）。

1. 整個社會只有聚落群、臨時性聚落群團二級社會組織。由於時代較早，規模普遍都較小。

2. 所有的聚落，各自都獨立平等，也沒有一個擁有能標誌社會地位等級較高的公共設施與建築。

3. 只有聚落群即部落才是當時人類生產生活的實體組織。一方面母氏族才是部落的首領，是生產資料部落集體所有的所有者〔註3〕；另一方面，人少地廣，社會矛盾基本和諧，所以只有臨時性的部落聯盟，而不需要永久性的實體性質的部落聯盟。

4. 新舊石器時代的轉變時期，人類的聚落及其組織的分布地域發生了重大變化，由以前多位於山區、丘陵區轉向山前地帶和平原地區。

5. 隨著時代的晚近，人口的增加，遺址與聚落的面積普遍擴大，聚落組織的規模也在不斷擴大。

第二階段：新石器中期晚段——晚期早段，即距今約 8000～5000 年。隨著文明的起源，部落的一體化逐漸進入高潮。

由於人口和聚落數量、規模的增加，人地關係，人與人之間關係的不斷緊張，文明起源了，聚落社會也從此踏上了一體化的不歸路。

所謂「一體化」，最主要的特徵就是無論組織規模大小一律在實力的基礎上實行集中統一領導和管理。

由於聚落群即部落就是當時的生產生活實體組織，所以一體化首先就是

〔註3〕〔美〕摩爾根：《古代社會》，北京：商務印書館，1971 年，第 109 頁。

從聚落群即部落開始了，並經歷了三個一體化不斷深化的小階段。

距今約 8000～6500 年，以無長年積水環壕聚落的出現為標誌（圖 2，4）〔註4〕。

距今約 6500～6000 年，以有長年積水濠溝聚落的出現為標誌（圖 3，2，I）〔註5〕。

距今約 6000～5000 年，以中國史前最早一批城址的崛起為標誌（圖 3，2，II）〔註6〕。

第三階段：新石器晚期中段，距今約 5000～4500 年，人類的社會組織發生了重大變化，血緣社會從未有過的一體化聚落群團即永久性部落聯盟登上歷史舞臺（圖 3，7）。

這種永久性一體化聚落群團的出現有三個方面的重大歷史意義。

其一，標誌人類社會出現了歷史上第一種政治組織。

以前社會的管理，都是血緣輩分管理，長輩說了算。但是，隨著一體化聚落群團的出現，歷史上第一種真正永久性跨部落的社會組織登上了歷史舞臺；它的組織基礎不再單純是血緣，而是血緣之上的實力，誰有實力誰就可以成為同一血緣組織的核心，就能夠實現全組織的集中統一領導和管理。

其二，標誌人類社會由血緣社會開始轉向地緣社會。

對此，恩格斯有一句話非常到位，他說：「永久性的聯盟，這樣就朝民族［Nation］的形成跨出了第一步」〔註7〕。

其三，標誌人類一體化的實體社會組織開始朝大型化方向邁進。

由於從舊石器時代開始一直到距今 5 千年，人類社會的實體組織一直就是聚落群即部落，規模很小，所以一體化聚落群團的出現就是歷史性的，並由此揭開了人類實體社會組織不斷大型化的序幕〔註8〕。

〔註4〕鄭州市考古研究院等：《河南新鄭市唐戶遺址裴里崗文化遺存 2007 年發掘簡報》，北京：《考古》，2010 年，第 5 期。

〔註5〕郭偉民等：《澧縣城頭山考古發現史前城牆與城濠》，北京：《中國文物報》，2002 年 2 月 22 日。

〔註6〕湖南省文物考古研究所：《澧縣城頭山》，北京：文物出版社，2007 年。

〔註7〕恩格斯：《家庭、私有制和國家的起源》，《馬克思恩格斯選集》第四卷，北京：人民出版社，1974 年，第 89 頁。

〔註8〕湖北省文物考古研究所等：《湖北京山屈家嶺遺址群 2007 年調查報告》，武漢：《江漢考古》，2008 年，第 2 期；湖北省文物考古研究所等：《大洪山南麓史前聚落調查——以石家河為中心》，《江漢考古》，2009 年，第 1 期。

圖 3：新石器時代各地聚落遺址與群聚形態平面分佈圖

1　湖南澧陽平原大溪文化遺址
2　湯家崗文化環壕聚落　大溪文化城址　湖南城頭山
3　安徽蒙城尉遲寺大汶口文化遺址
4　山東日照兩城鎮龍山文化遺址
5　陝西神木石峁龍山文化遺址
6　山東青州、壽光龍山文化遺址
7　湖北京山屈家嶺/屈家嶺文化遺址
8　湖北天門石河屈家嶺文化遺址
9　湖北天門石家河石家河文化遺址
10　河南洛陽盆地仰韶文化遺址
11　河南洛陽盆地龍山文化遺址
12　浙江余杭良渚文化古城與遺址

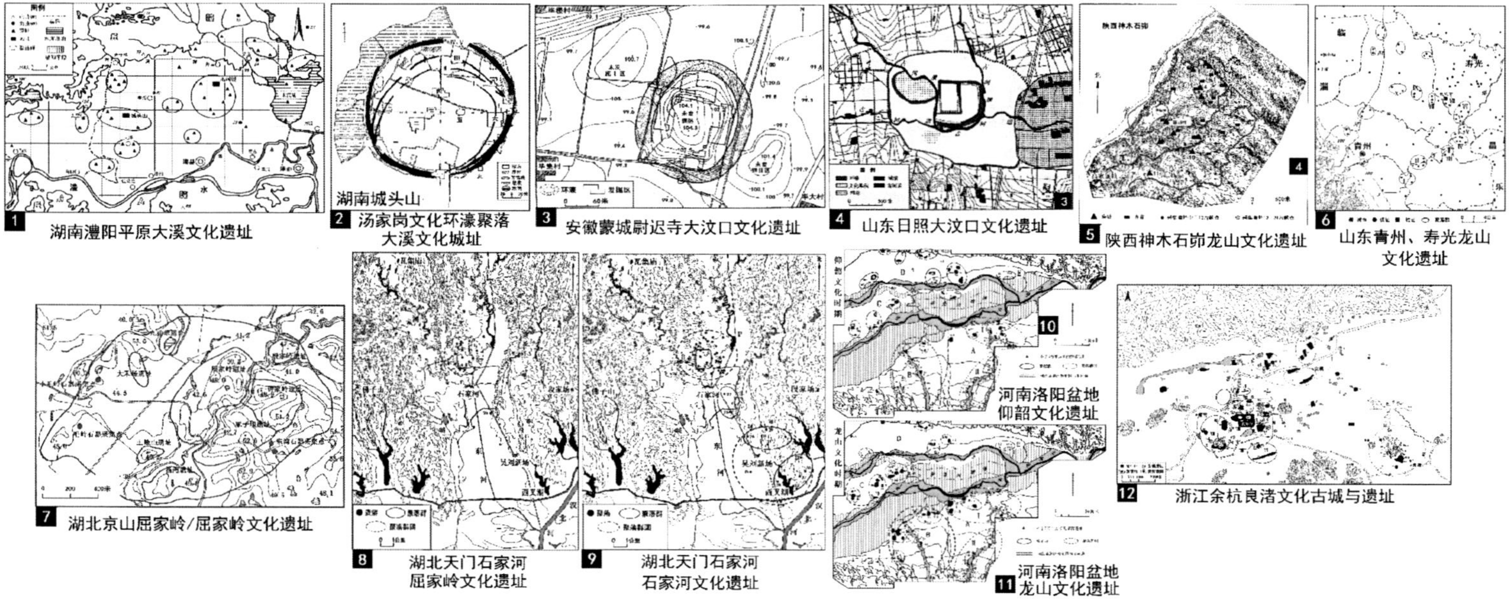

1 引自：裴安平《中國史前聚落群聚形態研究》；2 引自：湖南省文物考古研究所《澧縣城頭山》；3 引自：中國社科院考古研究所
《蒙城尉遲寺》；4 引自：梁中合《日照兩城遺址的新發現、新收獲與新認識》；5 引自：陝西省文物考古研究院《發現石峁古
城》；6 引自：《中國文物地圖集・山東分冊》；7 引自：湖北省文物考古研究所《湖北京山屈家嶺遺址群 2007 年調查報告》；8、9
引自：湖北省文物考古研究所《大洪山南麓史前聚落調查~以石家河為中心》；10、11 引自：中國社科院考古研究所二里頭隊《河
南洛陽盆地 2001~2003 年考古調查簡報》；12 引自：浙江省文物考古研究所《良渚遺址群》。圖中虛、實線圈爲本文作者所加

第四階段：新石器晚期晚段，距今約 4500～4000 年，人類從血緣社會開始邁向地緣社會，聚落集團、早期國家、古國等以往從未見過的一體化超大型實體聚落組織同時崛起。

以上三種聚落組織的崛起意義重大，一方面說明社會組織的大型化與一體化規模又升級了；另一方面說明人類社會的發展是複雜多樣的，沒有單一和絕對的模式；再一方面說明史前晚期晚段，人類歷史已經由血緣社會步入了地緣社會的大門。

第五階段，夏商周時期，以血緣為紐帶的聚落群聚現象開始退出歷史舞臺。

夏商周時期雖然已經出現了以單一民族為主體的地緣化國家，但各統治民族基層血緣組織的獨立性還是嚴重地妨礙了社會一體化的深入發展和集中統一領導管理。於是，從西周初期開始，國家就採取了二個方面的措施來打擊血緣組織。一方面，實行「鄉里制」，變以往的血緣組織為國家地緣行政機構，從而剝奪了血緣組織社會與政治的合法性〔註9〕；另一方面，又實行「井田制」，變以往土地國家集體二級所有為國家獨有，徹底斬斷了血緣組織的經濟命脈。由此，延續了幾百萬年的血緣組織與聚落群聚形態開始衰落和瓦解。

顯然，聚落群聚形態及其演變不僅只是人類血緣社會組織與組織形態的物化遺存，而且還是人類血緣社會發展與變化的載體和反映，所以它應該是考古學「由物及人」復原血緣社會研究血緣社會不可迴避的領域。

（四）群聚是早期人類社會發展和演變的載體與平臺

群聚之所以能成為早期人類社會發展和演變的載體與平臺，因為群聚的就是組織，就是各個歷史時期人類生產生活的實體組織，就像地緣社會人類所有的歷史活動都以國家為單位一樣，血緣社會人類所有的歷史活動也都以血緣實體組織為單位。

聚落組織及其群聚形態研究的重要性與歷史意義不僅在於它隨時反映了歷史的變化，而且還在於為人類社會各時期各種歷史活動與變化提供了不可或缺的載體與平臺。

第一階段：舊石器——新石器中期中段，以自然的聚落群即部落為實體

〔註 9〕裴安平：《中國的家庭、私有制、文明、國家和城市起源》，上海：上海古籍出版社，2019 年，第 404 頁。

組織的階段。

這一階段與生俱來的自然的基於血緣紐帶的聚落群或部落就是人類生產生活的實體單位。在這個平臺上，人類的一切歷史活動都是自然的，社會組織以自然的血緣為紐帶，流行採集和捕撈為主的自然經濟，流行集體勞動集體消費的自然生產方式，流行自然的「族外婚」〔註10〕。

第二階段：新石器中期晚段——晚期早段，一體化聚落群開始成為新型的實體組織。

隨著人口與聚落的增加，也隨著農業的起源，生產性經濟成為人類食物的主要來源，社會矛盾開始激化，團結起來擰成一股繩的一體化開始成為應對危機的有力武器。於是，社會發生了許多重要變化。一方面，實力開始成為血緣之上的新型組織紐帶，聚落群內各成員之間出現了等級分化，出現了主從關係，實力強勁的聚落不僅成為了核心聚落，而且還開始享受壕（濠）溝和城址的保護〔註11〕；另一方面，聚落群內人與人之間也開始等級分化，高等級的人開始擁有了奢侈品玉器〔註12〕、綠松石〔註13〕製品，與此同時聚落群內還出現了專門製作奢侈品的特殊手工業；再一方面社會生產方式也發生了重大變革，在生產資料部落集體所有的基礎上，出現了以耕作權私有為特點的早期個體勞動和個體經濟〔註14〕，母系社會轉變為父系社會，一夫一妻制婚姻與家庭普及並成為血緣社會最小的組織與經濟單位。

第三階段：新石器晚期中段，一體化聚落群團開始成為新型實體組織的時代。

為了應對社會矛盾激化升級的時代挑戰，以往相互關係鬆散的臨時性部落聯盟即聚落群團開始在利益和實力的基礎上，整合改造成了一種實行統一領導和管理的一體化聚落群團。隨著這種全新社會組織的誕生，人類社會的

〔註10〕裴安平：《中國的家庭、私有制、文明、國家和城市起源》，上海：上海古籍出版社 2019 年，第 13～43 頁。
〔註11〕河南省文物管理局南水北調文物保護辦公室等：《河南新鄭唐戶遺址裴里崗文化遺存發掘簡報》，北京：《考古》，2008 年，第 5 期。
〔註12〕劉國祥：《興隆溝聚落遺址：8000 年前精美玉器》，北京：《文物天地》，2002 年，第 1 期。
〔註13〕藍萬里等：《河南舞陽賈湖遺址第八次發掘取得重要成果》，北京：《中國文物報》2014 年 1 月 17 日第 8 版。
〔註14〕裴安平：《史前私有制的起源與發展》，《俞偉超先生紀念文集》，北京：文物出版社 2006 年，第 127～156 頁。

變革愈加深刻，不僅標誌著人類社會第一代政治中心的崛起，還標誌人類歷史上第一代大型的跨部落的集體所有制的實體組織誕生了。在此基礎上，還導致了「貴族」和「禮器」的出現，導致在聚落群團的範圍內人類社會第一次出現了腦力與體力勞動、農業和普通手工業的社會分工；導致聚落群團整體成為了核心，一級核心，就是核心聚落群的核心，就住在內城裏，而核心聚落群的其他成員就住在外城裏（圖3，4）〔註15〕。

第四階段：新石器晚期晚段，聚落集團、早期國家、古國開始成為新型實體組織的時代。

由於社會矛盾進入你死我活的時代，從而導致聚落社會發生了三個方面的重大變化。一方面，社會一體化大型化實體化的範圍第一次從血緣跨入地緣；另一方面，隨著內部各聚落組織之間統治關係的建立，具有政治上壓迫經濟上剝削特點的古國的出現，人類歷史上第一次出現了不勞而獲的生存模式；再一方面，聚落群團整體成為了大型聚落組織的核心，城址規模大型化更加明顯，出現了一個聚落群團集體居住的城址（圖3，12）〔註16〕，還出現了一個聚落集團集體居住的城址（圖3，5）〔註17〕。

第五階段：夏商周時期，一個以單一民族方國為歷史主角的時代。

夏商周時期，尤其是夏商時期，國體雖然已經地緣化了，自然民族成為了實體民族〔註18〕，單一實體民族還成為了方國的主體。但是，國之政體還是血緣化的，國家的基層組織和實體民族的構成單位還完全是血緣化的。正因此，商代晚期殷墟的部落內照常還在定時分配田地〔註19〕，以往的生產生活方式還在延續。

回眸中國的血緣社會史不難發現，聚落的群聚形態無論哪一種類型都並非置身於歷史之外的怪物，而是與歷史發展息息相關。一方面，它的形態無一不與重大的歷史背景的變化緊密聯繫在一起；另一方面，各種歷史活動又

〔註15〕梁中合：《日照堯王城的新發現、新收穫與新認識》，北京：《中國社會科學院古代文明研究中心通訊》，第30期。

〔註16〕浙江省文物考古研究所：《良渚遺址群》，北京：文物出版社，2005年。

〔註17〕陝西省考古研究院：《發現石峁古城》，北京：文物出版社，2016年。

〔註18〕裴安平：《中國的家庭、私有制、文明、國家和城市起源》，上海：上海古籍出版社，2019年，第399頁。

〔註19〕俞偉超：《中國古代公社組織的考察》，北京：文物出版社，1988年，第6～20頁。

無一不是在這個平臺上的演繹和展開。

　　長期以來，中國考古學界就一直認為聚落的分布是一盤散沙。但實際上，中國的考古早已表明自有人類以來就有基於血緣的氏族社會，就有基於血緣的聚落群聚形態。聚落群聚形態本質上就一直是血緣社會組織形態的物化結果和反映，是歷史演變的載體和平臺，也是考古學復原和研究血緣社會的必由之路。

二、聚落群聚形態研究的思想方法與內容

　　要復原歷史，研究史前史，所有考古研究就不能只停留在單純考古現象的觀察和揭示的層面上，而是應該努力將考古現象轉變為歷史；與此同時，史前史也不應該只是一部考古現象堆砌的歷史。

　　為此，作為歷史學的考古學，它一方面要求每一個考古工作者都要自覺地擁有歷史研究的觀念；另一方面它也要求每一個考古工作者都要自覺地採用多學科結合的研究方法，即依據世界各地當代原始民族的調查資料、我國史前與夏商周三代的考古資料、歷代金文、甲骨文、史料記載，以便多層次多角度地解讀史前與夏商周各時期各種聚落組織形態的基本歷史屬性與相互關係。

（一）聚落群聚形態研究的思想方法

　　主要有以下四個方面。

1. 明確將聚落群聚形態區分為自然屬性與社會屬性二種類型

　　在聚落的群聚形態的研究之中，社會性的組織群聚形態與自然性的群落群聚形態要明確區分。

　　第一，自然性的群落形態的形成實際上是人類組織對一定自然環境選擇的結果，而社會性的組織形態則是聚落之間按一定的組織規則而形成的遺存形態，對自然環境沒有任何要求。

　　第二，群落形態的紐帶是各種最宜人類生存的自然條件與環境，而組織形態的紐帶則完全是社會性的。早期以血緣關係為主，晚期隨著社會的文明化、一體化，血緣關係的地位開始下降，實力與從屬關係開始成為聚落社會的又一重要紐帶。

2. 不能將組織形態當作「區域聚落形態」

　　儘管最小的聚落群也有一定的分布空間，或者說也具有一定的區域性。

但是，聚落組織形態的研究並不能將「區域」也視為群體最重要的基本特徵。因為，聚落群聚是一種以人為本的歷史現象，與任何區域都沒有專門和特殊的聯繫，無論在山間盆地、河谷、階地、平川；而且在各種不同的地方，它們的存在大多數也不是唯一的，只要有足夠的空間，就可能會同時並存。當然，有些聚落組織有形的空間分布範圍會與所在地理單元存在明顯的重疊現象，但這並不是它的原本屬性，而是人類組織根據需求自主選擇的結果。所以，組織形態本質上並不涉及區域問題，只涉及人與人之間的問題。

至於在具體的研究中，人們可能會因各種原因，特別是資料的原因，人為地選擇或限定一個區域來做研究。但這只是一種研究方法，不等於將這個區域的聚落完全認同為一種「區域聚落形態」。

3. 強調群體研究的獨立性

由於群體與個體不僅都具有同樣的重要性，而且各自的研究對象與特點也不盡相同；因此，在聚落組織形態的研究中，關於群體的研究自然就被賦予了與個體研究相同的獨立性與地位，並同步宣示它與個體研究的關係絕非是一種依附、從屬，更不是一種襯托。儘管在群體有關問題的具體研究中需要借助個體研究的結果與認識，但這除了證明它們之間的關係是一種有機的聯繫外，並不能從根本上否認它們各自所擁有的獨立性。

然而，當代中國史前聚落形態研究只關注個體的認識，哪個遺址規模大還特別有內涵哪個就是「王」，而周邊直徑數十至上百公里範圍內的聚落遺址則全都無條件地成為了「王」的「衛星聚落」〔註20〕。顯然，這完全是主觀想像的結果，毫無科學性可言。

4. 強調從群體與個體雙向結合的角度來觀察問題

誠如人們對世界外形的觀察一樣，一隻眼看世界，那世界的成像就完全是平面的；而二隻眼看世界，世界的成像就是立體的。在史前聚落形態的研究中，如果僅僅只強調個體規模與相關遺存的內含差異固然可以為有關問題的研究提供一些線索，並顯示出一定區域基於這些標準的聚落等級和級差，但卻不能明確地顯示聚落或遺址的屬性，顯示聚落或遺相互之間有形的組織形態與無形的權力邊界。中國的考古發現，有的聚落遺址只屬於聚落群，有的屬於聚落群團，有的屬於聚落集團；有的早期屬於聚落群而晚期屬於群團，

〔註20〕 王巍：《聚落形態研究與中華文明探源》，北京：《文物》，2006 年，第 5 期。

或集團。此外，同級之間也還有明顯的實力不同。因此，要揭示歷史的真相，要準確研判聚落或遺址的屬性，並杜絕被實力的差異遮掩了屬性的異同，就必須打開一個通過群體看個體，通過個體看群體的雙向研究的視窗。否則，就容易產生假象，出現誤判。

（二）關於群落形態的研究

同時期的聚落或聚落組織因各種自然原因在一定的自然地理單元，即具有相似地形地貌和生態特點的空間區域範圍內集中相聚而形成的遺存形態就稱為群落形態。由於人類面對生活與居住環境擁有完全自主的選擇權，所以在群落形態的研究中必須以人為本，並以探討人與自然的關係為主要目的。

一般而言，群落形態的研究主要涉及三個方面。

1. 群落形態研究的基本要求

有三個基本要求。

第一，研究對象屬性的同一性。

一般而言，遺址就是保存有各種歷史遺跡遺物的地點和場所，聚落就是聚族而居的地點和場所，二者不能混同。由於群落形態的研究完全以人居住的聚落為單位，而歷史遺址又各種各樣，所以在進行這項研究之前務必對所考察對象的屬性進行同一性甄別，務必將所有非生活居住性的遺址、遺跡排除在外，如遠離居住區並單獨存在的石器製作場、墓地、耕地、祭壇等。

第二，研究對象的共時性。

為了保證群落形態研究的科學性與準確性，務必對相關研究對象提出共時性的要求，並要求所有的研究對象都有比較明確的時間概念，將非同一時段的對象排除在相關的研究範疇之外。根據已有的發現，同一考古學文化就是共時性的最低標準。否則，所得信息在時間上就會出現早晚混淆的現象，也根本無法顯示當地群落不同時期的不同形態特點及其歷史變遷。

第三，群聚規模無論大小。

由於自然環境的不同，每個聚落群落的規模也會有所不同；但規模無論大小，其屬性都是人與自然關係的反映和組成部分，都應該列入群落形態的研究對象。

2. 群落形態自身特徵的認識

這是一項涉及群落宏觀特徵的研究，重點涉及人與自然關係的研究。

　　具體的研究內容主要涉及三個方面。

　　第一，群落形成基本原因的探析。

　　任何歷史時期，不是任何一個自然地理單元都會形成人類聚落的群落形態。因此，群落形態研究的一個重要目的就是要搞清楚不同時期人類選擇不同地理單元居住的原因。這是一個非常複雜的問題，既涉及自然地理單元的地形地貌、生態資源條件，也涉及人類基於各種歷史條件如經濟形態、生產能力、生產方式等而作出的選擇。其中，舊石器時代選址多關心自然食物的多寡，而新石器時代關心的主要則是土地與水資源。

　　第二，群落中組織形態的辨認。

　　任何時候任何自然地理單元中的聚落都不可能是獨立的獨往獨來的個體或「遊團」、「遊群」，中國的舊石器時代考古早已表明，從距今 3 百萬年以前的舊石器早期開始，以血緣為紐帶的群聚就一直是人類的生產生活方式〔註21〕；所以，在群落中辨認組織形態，不僅有助於群落自身規模和特點的認識，也有助於群落與組織相互關係的認識。

　　第三，群落的總體形態與規模。

　　群落總體形態的形成主要受制於所在自然地理單元的地形地貌條件，且根本不見跨自然地理單元的「區域聚落形態」。

　　在河谷兩岸，聚落多呈帶狀分布；在河流的交匯區，聚落多呈樹杈狀分布；在寬谷與盆地，或地勢比較開闊平坦的區域，聚落又多呈片狀分布。

　　此外，群落的總體規模往往與當地適合居住的地點與面積成正比，適合居住的地點越多，面積越寬廣，群落的規模也就較大，反之越小。

3. 群落與組織關係的認識

　　群落與組織相互關係研究的主要目的是搞清楚構成群落的人員與組織結構，而不涉及群落中具體的人與人的關係，組織與組織的關係。

　　很久以來，學術界就有一種觀點，以為聚落的群聚現象完全是環境使然，與聚落的組織與組織形態無緣；最近，又有一種觀點，以為在史前晚期的聚落形態中有一種甚至可以跨域幾個自然地理單元的「區域聚落形態」，如東西縱橫近 200 公里的「河洛古國」即是〔註22〕。對此，中國的考古早已表明，

〔註21〕謝飛等：《泥河灣舊石器文化》，石家莊：花山文藝出版社，2006 年，第 67 頁。
〔註22〕蘇湲：《發現河洛古國》，廣州：《南方周末》，2020 年 6 月 4 日，《文化觀察》版。

一方面自然環境只是一種客觀存在和基礎條件，而究竟在哪一個自然地理單元定居，或在同一地理單元的哪一部位定居，則完全是人類根據時間和條件選擇的結果。另一方面，無論早晚，史前聚落群落中的所有組織都以血緣為紐帶，即使是「古國」，也只是血緣組織之間出現了一種統治與被統治的關係；而「區域聚落形態」則以地緣為紐帶，一是跨越自然地理單元，二是各聚落組織之間充滿了地緣化的社會關係，有的屬於「中心聚落」，有的屬於「衛星聚落」。

為此，有三個方面的問題需要注意。

第一，要在聚落群落當中進行聚落組織形態的辨識，以便關清楚構成群落的聚落組織類型與數量。

第二，綜合群落與組織二方面考察與辨識的結果，以便清楚地認識群落與組織的結合方式，分清楚不同區域自然環境的作用和意義，及其時代變化。

第三，由於自然條件的原因，群落有大有小，小的只有一個聚落群，或聚落群團；大的有許多同時期的聚落群或群團。研究群落與組織的關係，不能只研究大的群落而放棄小的群落。實際上，無論大小都是自然與人的相互關係的組成部分。

（三）關於組織形態的研究

聚落組織形態的研究主要是人類組織及其相互關係研究，完全是以人為本的核心問題的研究，所以它就是聚落群聚形態研究的重點與主題。

一般而言，組織形態的研究主要涉及二個方面的問題。

1. 組織形態研究的基本要求

根據已有的研究，組織形態的研究有五個基本的要求。

第一，研究對象屬性的同一性。

與聚落群落的研究一樣，研究對象屬性的同一性也是組織形態研究的基礎之一。由於組織形態研究涉及的單位都與人類居住的聚落有關，所以在進行這項研究之前務必對所考察的對象進行屬性同一性的甄別，並將所有既單獨存在又遠離生活居住地的遺址、遺跡都排除在外。

第二，研究對象的共時性。

與聚落群落的研究一樣，這也是組織形態研究的基礎之一。只有研究對象良好的共時性，並盡可能精確到考古學文化的早晚分期，才能更準確細緻地再現歷史的真實。

第三，要注意同一個遺址中不同聚落數量的區分。

遺址就是保存有各種歷史遺跡遺物的地點和場所，有的遺址只有一個聚落，稱為「單聚落遺址」；有的有二個，稱為「雙聚落遺址」；有的有三個或更多，稱為多聚落遺址。

隨著史前晚期社會不斷地文明化，聚落組織不斷地一體化大型化，以及「核心」規模的升級擴大，多聚落遺址日漸增多；其中，聚落群、聚落群團，甚至聚落集團集體駐守的遺址，也在不斷地出現和增多。為此，一定要根據遺址內城牆、壕溝、居住區、墓葬區的提示，確定遺址內聚落的數量與分布。

第四，要注意聚落空間距離與內涵變化的作用和意義。

通過空間距離來區別聚落之間、聚落組織之間的親疏關係，經歷了二個歷史階段。

第一階段，舊石器時代——新石器中期中段，即距今 8 千年以前。

由於人類社會的組織紐帶都是自然的純血緣關係，又由於地廣人稀，所以社會只有鬆散型的聚落群與臨時性聚落群團二種組織類型，而且相互的親疏關係均可通過相互空間距離的遠近得以清晰明確的表達。其中，距離最近的是同一聚落群中的聚落，因為相互之間沒有「中立地帶」和「間隔地帶」；其次，是擁有「中立地帶」和「間隔地帶」的不同聚落群之間的距離，凡同一聚落群團內的聚落群，因皆有親屬關係，所以「中立地帶」和「間隔地帶」就小，反之就大〔註23〕。距離最遠的是相互完全沒有親屬關係的聚落群和群團。

與此同時，由於聚落之間只有血緣關係，輩分關係，所以相互之間也完全沒有可以標誌社會地位的聚落設施與物品等內涵

不過，由於自然地理條件、所在具體位置、時代背景的不同，聚落、聚落群、聚落群團之間的空間距離也並非是一個衡量，因而在認識和確定各種聚落組織形態的空間分布規律時必須注意當地同一時期的多數個案。

第二階段，新石器中期晚段——新石器晚期，距今 8～4 千年。

由於社會的文明化和聚落組織的一體化，特別是距今 5 千年以後，各種不同的大型、超大型一體化聚落組織相繼崛起，聚落、聚落組織之間的空間關係發生了極大的變化。

之一：改變了以往有血緣關係的聚落之間、聚落組織與組織之間近距離相距的模式；新出現彰顯一體化特點的超近距離、零距離的抱團相聚模式。

〔註23〕〔美國〕摩爾根：《古代社會》，北京：商務印書館，1997，第 109 頁。

之二：由於聚落群、聚落群團獨立性的相繼喪失，相互之間的「中立地帶」和「間隔地帶」距離大幅縮小。

之三：聚落之間、聚落群、聚落群團之間都出現了地位等級分化，過去以空間距離遠近代表相互親疏關係的聚落組織分布模式被淘汰了，取而代之的是按地位等級布局的新模式。

因此，既要注意同一聚落組織中各聚落組織單位的具體位置和總體布局，還要注意通過內涵，如城牆、壕（濠）溝等，區分核心組織和核心聚落。

2. 組織形態自身特徵的認識

考古發現，血緣社會聚落的組織形態主要有五大類：聚落群、聚落群團、聚落集團、早期國家、古國，並隨歷史而變化。

（1）聚落群

聚落群就是以聚落個體為單位相聚而形成的規模最小的聚落組織。距今8千年以前只有普通型的聚落群，距今8千年以後隨著文明的起源出現了新型的一體化聚落群。

一體化聚落群的組織紐帶與基礎除了傳統自然的血緣關係以外，新出現了實力的基礎；聚落成員之間基於實力還出現了等級地位分化，實力強悍的成為了核心聚落，其他皆淪為隨從聚落。與此同時，核心聚落還出現了能標榜社會地位的公共設施和建築，如有明顯防禦功能的壕（濠）溝、城牆、隨葬玉器、綠松石、象牙器等奢侈品的墓葬等。

此外，聚落群任何時候都是血緣組織的基層單位。

一般而言，聚落群自身特徵的認識主要應該注意以下問題。

①普通型聚落群

以聚落個體為單位，以自然的血緣為紐帶為基礎，各成員之間都擁有直系的血緣關係，都是「母氏族」的「女兒氏族」。

這種聚落群的研究要注意三個問題。

第一，在大型的地理單元中，以同時期多數聚落的平均最小間隔距離為標準，劃分不同的聚落群。在最小的地理單元中，同時期的聚落一般就都是同一個聚落群的聚落。

第二，在同一個聚落群團中，群與群之間有明顯的「中立地帶」和「間隔地帶」（圖3，1）。

第三，要區分整體的組織模式是獨立的聚落近距離相聚，還是在同一遺

址中零距離相聚。由於相互之間沒有地位的高低之別，也沒有主從關係與核心聚落，就像內蒙古赤峰林西白音長汗〔註24〕、敖漢旗興隆溝〔註25〕等興隆窪文化的雙聚落和多聚落遺址一樣（圖2，3），這種零距離相聚的模式雖然與一體化聚落群相似，但只是形似，本質不似。

　　②一體化聚落群

　　一體化聚落群就是在普通聚落群內增加了實力的基礎構成的新型聚落群，並具有永久性統一領導和管理、各成員明顯等級地位分化的特點。

　　這種聚落群的研究要注意以下七個問題。

　　第一，要區分整體的組織模式是獨立的聚落近距離相聚，還是超近距離（圖3，3），或零距離抱團相聚（圖3，7）。一般而言，超近距離大都只有幾百米，不超過1公里；而零距離則大都同時共存於同一個遺址中，但相互之間的「中立地帶」和「間隔地帶」則大幅縮小。

　　第二，要分清楚一體化聚落群在所在聚落組織中的地位，是鬆散型聚落群團、一體化聚落群團、聚落集團、早期國家、古國中的普通一員，還是核心成員？

　　第三，無論作為鬆散型聚落群團中的普通獨立一員，還是作為一體化聚落群團、聚落集團、早期國家、古國的核心成員，都要搞清楚一體化聚落群在群體中的具體位置，以及有關設施與內涵的種類和特徵。

　　第四，要搞清楚一體化聚落群內不同成員的不同待遇，以及各自在群體中的位置與有關設施、內涵的種類和特徵。

　　第五，即使是一體化聚落群團的普通成員，也要搞清楚各自不同的待遇，以及各自在群體中的位置與有關設施、內涵的種類和特徵。

　　第六，不同地區不同時期一體化聚落群的代表性設施互有不同。其中，黃河流域早期多見壕溝，晚期則見夯土城牆；長江流域，早期多見帶水濠溝，晚期則多見堆築城牆。

　　第七，對聚落內所有公共設施都要進行屬性與級別鑒定，有的屬於一體化聚落群團一級、有的屬於聚落集團、早期國家、古國一級，但也有的只屬

〔註24〕內蒙古自治區文物考古研究所：《白音長汗──新石器時代遺址發掘報告》，北京：科學出版社，2004年。

〔註25〕邱國斌：《內蒙古敖漢旗新石器時代聚落形態》，呼和浩特：《內蒙古文物考古》，2010年，第2期。

於所在聚落和聚落群。就像湖北天門石家河地區的肖家屋脊遺址一樣，其中的冶銅作坊就屬於聚落集團級的作坊，而所見普通陶窯則屬於聚落一級〔註26〕。

（2）聚落群團

以聚落群為單位近距離相聚而組成的血緣組織就是聚落群團。距今 8 千年以前只有臨時性聚落群團，距今 8 千年以後出現了過渡性聚落群團，距今 5 千年以後出現了一體化聚落群團。

臨時性聚落群團，一是內部各成員各部落之間雖然都有血緣關係，但各自都是旁系，故相互關係比聚落群內各聚落之間更顯獨立與平等；二是各聚落群之間還有比較寬闊的「中立地帶」和「間隔地帶」，整體分布比較疏鬆；三是沒有一個成員是核心聚落群，也沒有一個聚落或聚落群內部出現了能標榜社會地位的公共設施與建築（圖 1，2、3）。

過渡性聚落群團，一方面依然維持以往各自獨立、平等、分布鬆散的狀態，另一方面就是有的成員變成了新型一體化的聚落群，但還沒有實力成為整個群團的永久性核心（圖 3，1）。

一體化聚落群團（圖 3，7），一是實力與利益首次真正為了血緣之上的組織基礎，組織的屬性也由以往純粹的血緣組織變成了跨部落統一領導和管理的政治組織；二是憑實力出現了核心聚落群；三是所有的成員都放棄了自己的獨立性，並大幅縮小了聚落群與群之間的「中立地帶」和「間隔地帶」，從而形成了抱團相聚的群聚新模式；五是出現了不同級別的大型建築與設施，如聚落群團就擁有群團級的大型建築和祭祀遺址，如浙江餘杭良渚文化的反山（圖 3，12，64）〔註27〕、瑤山（圖 3，12，6）〔註28〕就分別屬於不同的聚落群團；而聚落群則擁有聚落群級的大型建築和祭祀遺址，如浙江餘杭良渚文化的盧村雖也是祭壇（圖 3，12，19），但社會級別則低一級〔註29〕。

一般而言，聚落群團自身特徵的認識主要應該注意以下問題。

〔註26〕湖北省荊州博物館等：《肖家屋脊》，北京：文物出版社 1999 年版，第 236（冶銅）、128（陶窯）頁。
〔註27〕浙江省文物考古研究所：《良渚遺址群》，北京：文物出版社，2005 年，第 61 頁。
〔註28〕浙江省文物考古研究所：《良渚遺址群》，北京：文物出版社，2005 年，第 44 頁。
〔註29〕浙江省文物考古研究所：《良渚遺址群》，北京：文物出版社，2005 年，第 49、315 頁。

①臨時性聚落群團

第一，在區別聚落群的基礎上，將近距離或超近距離相聚的大群體劃為聚落群團。

第二，整體的組織模式只有一種，即獨立的聚落群以群為單位近距離相聚。

第三，群團與群團之間的「中立地帶」和「間隔地帶」一般都比同一群團中諸聚落群之間的距離要更為寬大，多3：1或以上。

②過渡性聚落群團

文明起源以後雖然出現了一體化聚落群，但它並沒有改變傳統的臨時性聚落群團的組織性質和組織模式。因此，它的組織模式與識別需要注意的問題基本與臨時性聚落群團類似。不過，群團內一體化聚落群核心聚落的設施與內涵會與其他聚落和群體有明顯區別。

③一體化聚落群團

由於一體化聚落群團完全是一種新型的聚落組織，因而聚落群聚形態也有很大變化。

第一，整體多數都是核心聚落群位於群體中心從屬聚落群環繞周邊的抱團相聚模式，並有二種不同的類型。一種是各聚落群都是獨立的並超近距離的抱團相聚（圖2，3、7、8），另一種是各聚落群全部零距離在同一個遺址中抱團相聚（圖3，4）。

第二，聚落群歷史性的第一次成為了核心組織，並由此導致出現了大型多樣化的核心組織模式。其中，有的核心至今也沒有發現壕（濠）溝和城牆，有的只有壕（濠）溝（圖3，3、7），有的有城，有的還有大小雙城（圖3，4），有的只有單聚落的小城（圖3，6），而有的則是多聚落的大城。

第三，位於核心聚落群外圍的普通從屬聚落群也有地位不同。有的有壕（濠）溝環繞，如山東日照大汶口文化晚期的堯王城（圖3，4）；有的有地位很高的各種功能的遺址，如湖北天門石家河城外西部的印信臺祭祀遺址〔註30〕，城外東南部肖家屋脊遺址的冶銅作坊等〔註31〕。

第四，距今4500年以後，一體化聚落群團開始成為新出現的超大型聚

〔註30〕孟華平等：《石家河遺址考古勘探發掘取得重要成果》，北京：《中國文物報》，2017年2月21日，第5版。

〔註31〕湖北省荊州博物館等：《肖家屋脊》，北京：文物出版社，1999年，第127頁。

落集團、早期國家、古國的組織核心，所以要注意區分它所在組織的不同屬性。

（3）聚落集團

聚落集團就是血緣社會一體化級別最高規模最大的超大型聚落組織，也是一種泛血緣的組織。它以一體化聚落群團為核心，在實力和利益的基礎上，凡有一定血緣關係的組織，無論近親遠親，或聚落群或聚落群團均可參與，並抱團相聚在一起。

一般而言，聚落集團自身特徵的認識主要應該注意以下問題。

第一，就組織模式而言有三種類型。一，所有的成員都是獨立的聚落群團和聚落群，並近距離相聚（圖3，12）；二，所有的成員都是獨立的聚落群團和聚落群，超近距離相聚（圖3，9）；三，所有的成員都是獨立的聚落群團，但零距離相聚在同一個遺址中（圖3，5）。

第二，就淵源而言，有的是新時期新組建的結果（圖3，5、12）；有的是早期聚落群團自然發展升級的結果，早期聚落群團的所有成員都原地不動的遺留下來了（圖3，8、9）〔註32〕。

第三，就集團的核心而言，有的只有單聚落的小城（圖3，6）〔註33〕，有的則是核心聚落群所在的多聚落的大城（圖3，9）〔註34〕，還有的就是整個核心聚落群團都位於城內（圖3，12）〔註35〕。

第四，就設施而言，除了聚落級、聚落群團級的以外，又新出現了聚落集團級的。其中，在核心的範圍內多見合為一體的，如浙江餘杭莫角山，既是核心聚落群的，又是核心聚落群團、聚落集團、早期國家的大型夯土臺基〔註36〕。但是，各級同時也都有原始最低屬性的設施和遺跡，如瑤山上的祭

〔註32〕 何努：《2010 年陶寺遺址群聚落形態考古新進展》，北京：《中國社會科學院古代文明研究中心通訊》，2011 年，第 21 期；湖北省文物考古研究所等：《大洪山南麓史前聚落調查——以石家河為中心》，武漢：《江漢考古》，2009 年，第 1 期。

〔註33〕 杜在忠：《邊線王龍山文化城堡的發現及其意義》，北京：《中國文物報》，1988 年 7 月 15 日，第 3 版。

〔註34〕 湖北省文物考古研究所等：《大洪山南麓史前聚落調查——以石家河為中心》，武漢：《江漢考古》，2009 年，第 1 期。

〔註35〕 陝西省考古研究院：《發現石峁古城》，北京：文物出版社，2016 年。

〔註36〕 裴安平：《質疑世界遺產「良渚古城遺址」認識的十大學術泡沫》，www.peianping.com/新文稿。

壇就只屬於所在聚落群團〔註37〕。

第五，就貴族用品而言，出現了真正的禮器，這種禮器可以標誌和識別貴族之間各自的地位高低〔註38〕。

（4）早期國家

以聚落集團為核心，地域鄰近而不同血緣的聚落組織相互自願結成的一體化實體聯盟就是早期國家。其中，有的跨血緣結盟，有的又跨血緣又跨地域結盟。其之所以稱為「早期國家」，一是因為它與國家一樣是不同血緣的組織既跨血緣又跨地域，二是因為內部各成員之間只有結盟的關係，而無統治與壓迫的關係。

一般而言，早期國家自身特徵的認識主要應該注意以下問題。

第一，「結盟」的含義實際是弱者投靠強者，即使雙方實力接近亦如此。一般而言，核心所在組織一方就是強者（圖3，9）〔註39〕。但也有少數個案顯示各方是基本平等，如河南洛陽盆地三大聚落集團的關係即如此（圖 3，11）〔註40〕。

第二，早期國家的組織核心都是一體化的聚落集團，但其他前往投靠的組織多數都是聚落群團；所以，一定要搞清楚不同成員的組織屬性。

第三，要搞清楚是只跨血緣結盟還是又跨血緣有跨地域結盟？其中，核心原地不動，弱者來到核心的地域裏面，這就是跨血緣結盟（圖3，9）；如核心和弱者都是近鄰，二者超近距離的相聚，這就是又跨血緣又跨地域結盟（圖3，11）。

（5）古國

古國就是人類歷史上第一種以暴力為基礎，在鄰近不同血緣組織之間建立了以政治上的壓迫經濟上的剝削為特點的統治關係的聚落組織。

之所以「古」，有三個原因。

第一，統治者與被統治者雙方都是血緣組織，與同時期其他聚落組織相

〔註37〕浙江省文物考古研究所：《瑤山》，北京：文物出版社，2003 年。

〔註38〕裴安平：《中國的家庭、私有制、文明、國家和城市起源》，上海：上海古籍出版社，2019 年，第 209～213 頁。

〔註39〕湖北省文物考古研究所等：《大洪山南麓史前聚落調查——以石家河為中心》，武漢：《江漢考古》，2009 年，第 1 期。

〔註40〕裴安平：《中國史前聚落群聚形態研究》，北京：中華書局，2014 年，第 268～273 頁。

比,「古國」並沒有改變各成員血緣組織的屬性及其聚落群聚形態的外觀,而是將以往的統一領導和管理的相互關係改變為統治與被統治關係。此外,「古國」雖然初步具有了國體地緣化的特點,跨血緣跨地域統治和壓迫別人,但政體還是血緣化的,國家的主體還是血緣組織;所以「古國」又可稱為「血緣國家」。

第二,它不同於以單一民族為組織單位的一地之早期「方國」,不僅地域與人口的規模小很多,而且也不具備夏商周時期早期方國所具有的考古學文化、民族、國家三位一體的特點〔註41〕。

第三,古國的面積很小,一般只有 2000～3000 平方公里。

值得注意的是,由於古國改變的並不是外在的聚落群聚形態而是內在聚落組織之間的相互關係,所以就很難從聚落群聚形態這一物資遺存形態的角度來確定各個有關聚落組織之間的關係。

正因此,目前認定古國的主要標準和應該注意的問題就只有一個。

這就是聚落組織之間的發展狀態。其中,統治者壓迫者早晚一直持續興旺發達,而被統治者被壓迫者則前興後「衰落」。

河南洛陽盆地就是一典型案例。仰韶文化時期,洛河以北的 D 聚落群團整體實力完全是盆地內的佼佼者(圖 3-10),但龍山文化時期,D 群團的發展卻遭遇了空前的挫折,所有早期繁榮發達的紀錄全部喪失殆盡。與此相反,洛河南岸、伊河南岸的聚落群團於龍山文化時期卻一反常態,處處欣欣向榮(圖 3-11)。這表明洛河南岸與伊河南岸的聚落組織曾結盟為早期國家,然後共同滅了 D 群團後建立了古國。

湖北天門石家河也是一典型案例。其中,石家河城址東距天門笑城城址 22公里,西距京山屈家嶺多聚落環壕遺址 20 公里。雖然它們三者都同時崛起並興旺於屈家嶺文化時期,但石家河文化時期除石家河城址繼續興旺以外,屈家嶺和笑城都衰落了。這說明當時當地出現了一個以石家河城為中心的古國。

(四)聚落群聚形態研究的有關問題與思路

基於目前的現實條件,關於聚落群聚形態的研究必將會遇到各種問題和困難,其中最多的還是資料,以及由此而引發的理念和思路。

〔註41〕裴安平:《中國的家庭、私有制、文明、國家和城市起源》,上海:上海古籍出版社,2019 年,第 399、538 頁。

1. 關於資料的完整性

經過一次又一次的文物普查，歷代人類的活動地點與聚落數量大幅增加，為今後各地各時期聚落群聚形態的研究奠定了堅實的基礎。但是，無論任何時候，利用任何方法，調查資料的完整性總會有所缺憾。

一般而言，造成這種缺憾的原因主要有以下三個方面。

第一，總有一些調查顧及不到的地方。

第二，總有一些早就被古人，或被其他原因破壞殆盡，或殘缺不全的遺址。

第三，總有一些干擾因素會模糊人們的視線，使調查數據有所失真。如多時代、多文化疊加型的聚落遺址，就可能會使聚落數量與面積的統計難以準確；而大量的現代建築與工程不僅會使類似的問題重複發生，而且還會使不同時期遺址規模面積的獲得困難重重。

然而，任何大範圍的調查資料又都具有絕對與相對的二重性。所謂絕對性，即指它的總量和完整性都超過了以往任何時期，對問題反映的清晰度也比以往任何時期更好；所謂相對性，是指任何清晰度良好的資料都不過是一個階段性的產物，就統計的完整性而言，總還有相當部分的缺失。

對此，人們不能指望消極的等待，而應該充分地利用已有資料的絕對性。正如人口普查一樣，無論任何時期，無論普查的方法如何先進，它的數據的完整度精確度總是會有各種各樣的缺憾，但只要多數數據接近真實，即使有些誤差也不會在很高的程度上影響有關宏觀與綜合性問題的研究及其科學性。

正因此，目前全國多數地區關於史前聚落群聚形態研究的基本條件還是具備的。

2. 關於資料的共時性

關於研究對象的共時性這是聚落考古的基本原則，也是聚落考古科學性的基礎，它要求對任何規律性的概括和抽象都必須建立在同時期相關資料的基礎上。

然而，基於歷史遺存的殘缺不全，以及既缺少文字說明，又缺少絕對年代記載的史前考古資料來說，那種絕對的共時性只能是一種理想和追求。

事實上，現階段中國考古學關於各個考古學文化年代序列的研究已為同時期史前聚落群聚形態的研究奠定了良好的基礎。儘管它的時間刻度還較為

寬泛，但它也是現代科學技術的總體發展水平的結果，以此為基礎並不會根本性地動搖實際的研究成果及其科學性。與此同時，已有的研究實踐也已經證明，即使在現有考古學文化年代分期的條件下，關於史前聚落群聚形態的研究也完全可以正常進行。

3. 關於聚落相互關係的實證問題

這個問題不僅對聚落形態研究，而且對整個史前考古學都是一個巨大的挑戰。整個學科所建立的各種體系，對史前史和文明起源的理解，在很大程度上也都是基於人類學、民族學、文獻資料的解釋與邏輯推演。惟此，考古學才能不斷地接近歷史的真實。

作為聚落考古研究的一個分支，群聚形態的研究除了要實證這種現象本身的客觀存在以外，還有一個認定群體內相互關係的問題，如血緣與婚姻關係。

對於第一個問題，完全可以通過考古學本身的發現來解決，因為聚落的群聚現象不是一種個別現象，而是不同地區不同時段都重複存在的現象。因此，這種現象的求證實際就是這種現象的本身，就是它們各自在相互證明對方的存在。

關於第二個問題，雖然現代科學技術的發展，尤其是 DNA 技術的進步，為考古學解決諸如此類的問題帶來了希望，但在這種技術能夠廣泛、準確和大量地被使用之前，暫時還只能利用傳統的方法，即利用多學科相結合的方法，透過人類學、民族學、文獻資料所提供的線索來解讀它。在現有的條件下，這種間接的實證依然是中國，乃至全世界史前考古的基礎。

不過，為了使上述問題的實證能夠不斷地推向深入推向前進，也應該在有條件的地區選擇典型案例進行多學科的綜合研究。

三、群聚形態研究的現實意義

從 20 世紀 90 年代初開始，隨著中國考古學整個學科研究重點的轉移，聚落形態的研究逐漸成為了中國史前社會形態與文明起源研究的重要內容與方法。但是，在已有的研究中也暴露了許多明顯的不足與缺陷。

（一）宏觀的不足與缺陷

主要有三個方面。

第一，迷失了歷史研究的方向。

　　雖然考古人都知道考古學是歷史學的分支，考古學的目的是研究歷史。但是，事實證明中國考古學已不研究歷史，已完全迷失了歷史研究的方向。

　　隨著國家改革開放的推進，隨著新時期「一帶一路」的不斷延伸，也隨著全球人類命運共同體建設的需要，考古學的學科性質和目的發生了顛覆性的變化，最明顯的變化就是增添了許多社會功能，其中包括宣傳、弘揚和保護優秀的歷史文化遺產，增強人民的民族自豪感，提升文化遺產的品質和地位，並為地方文化事業和旅遊提供服務。此外，考古發現還與地方政府的政績掛鉤了，與項目和經費掛鉤了，與考古工作者個人的名利掛鉤了。為此，考古人歡欣鼓舞，專業自豪感大漲，發現與研究的地位也隨之發生了顛覆性的變化，以前考古發現主要是為研究服務，為研究提供資料和證據；但今天，研究的地位下降了，研究開始為發現服務，為提升新發現的性質和歷史意義服務。於是，一批世界第一、中國第一、長江流域第一、黃河流域第一的發現很快就超越歷史在各地出現了〔註42〕，考古工作者這也因此名利雙收。

　　也沒有人在名利面前會執拗地捍衛考古學的純潔性！

　　第二，實用主義猖獗。

　　為了追求名利，也為了忽悠各級政府和人民，在中國考古學本身嚴重缺失史前社會復原與研究理論的同時，還敞開實用主義的大門，讓各種有用的理論都從西方和歐美湧進來，這樣既可以冒充先進裝點門面，又可以掩蓋自身的不足，還可使學科帶頭人始終傲立學術的潮頭。

　　目前，這方面的問題主要表現在以下三個方面。

1. 馬克思主義教條化，對號入座

　　以「中華文明探源工程」為例。為了在盡可能在短時間內取得重大成果，一方面必須突出重點，找到國家起源的準確時間；另一方面，無暇旁顧，其他有關問題一律不予涉及。為此，最好的辦法就是借助恩格斯所言「國家就是文明社會的概括」〔註43〕。於是，將國家和文明起源混為一談，不僅可以

〔註42〕裴安平：《上山文化根本不是世界上最早的稻作和彩陶文化》，www.peianping.com/新文稿；裴安平：《質疑世界遺產「良渚古城遺址」認識的十大學術泡沫》，www.peianping.com/新文稿；裴安平：《「河洛古國」是真的嗎？》，www.peianping.com/新文稿；陝西省考古研究院等：《發現石峁古城》，北京：文物出版社，2016年。

〔註43〕恩格斯：《家庭、私有制和國家的起源》，《馬克思恩格斯選集》第4卷，北京：人民出版社，2012年，第176頁。

將國家起源視為文明的起源，還可以直奔國家起源的時間而去，並在短期內完成二個探源的任務；至於有關文明和國家起源的概念、標準、起源的原因和基礎，則只需抄襲馬克思主義和對號入座即可。

2. 蘇秉琦思想和理論實用化

1991 年，蘇秉琦先生就提出了「重建中國史前史」的倡議，並指出「其主要內容是講生產方式、婚姻、家庭形態、社會組織結構，側重於闡述原始社會發展的一般規律」〔註 44〕，並認為古國「是高於部落以上的、穩定的、獨立的政治實體」。

為了顯示與蘇秉琦思想和理論的聯繫，「探源工程」也採取了實用主義的態度，一方面摒棄了蘇秉琦先生「重建中國史前史」的有關思想，一方面又撿起了蘇秉琦先生關於考古學文化與區域類型的思想，並認為「中華文明的形或是在一個相當遼闊的空間內的若干考古學文化共同演進的結果」，「各文化的區域特色還暗示了在走向文明的進程中各自的方式、機制、動因等也可能不盡相同」〔註 45〕。

3. 大力倡導西方歐美的先進理論

由於利用馬克思主義蘇秉琦思想要在規定的短時間內探到中國文明與國家之源幾無可能；所以，當代西方歐美流行的「區域聚落形態」理論不僅在中國大受歡迎，而且很快就實現了本土化。一是區域內哪個規模面積大還特別有內涵哪個就是區域之王，二是「重點地區」出現了「中心聚落」與「衛星聚落」。

顯然，這都是一些根本不考慮史前血緣社會復原，而一味用地緣社會和歐美才有的「區域聚落形態」的觀念和思想來理解和研究歷史的思路與方法。實際上，這就是最典型的實用主義。凡是與復原有關的一律免談，而只要能直接有助工程又快又簡單地找到文明和國家之源的理論，就用誰的理論。

第三，沒有找到復原和研究歷史的載體與平臺。

這一直是中國考古學的軟肋。實際上，蘇秉琦先生當時總結並提出考古學文化區系類型理論〔註 46〕的同時已暗含了將區系類型視為歷史載體與平臺

〔註 44〕蘇秉琦：《關於重建中國史前史的思考》，北京：《考古》，1991 年，第 12 期。

〔註 45〕王巍、趙輝：《中華文明探源工程的主要收穫》，北京：《光明日報》，2010 年 2 月 23 日，第 12 版。

〔註 46〕蘇秉琦：《關於考古學文化的區系類型問題》，北京：《文物》，1981 年，第 5 期。

的意義。但基於考古學的實際與資料的積累，這個問題一直沒有得到真正的解決。

考古表明，人類與生俱來就是依託組織而生存的，在國家起源之前以自然血緣為紐帶的聚落組織就一直是人類生產生活的載體與平臺，人類歷史所發生的一切都是以聚落組織為載體為平臺。為什麼歷史時期復原歷史和研究歷史都會以國家為單位，就因為它是人類地緣社會歷史的載體和平臺。因此，史前血緣社會復原歷史研究歷史就必須以聚落組織為載體為平臺。凡是脫離了這個載體與平臺所研究出來的史前史就都是空洞的、虛擬的。

今天，關於史前血緣聚落組織與組織形態的研究問題早就有人提出來了〔註47〕。但是，它一方面給考古人帶來了煩惱，因為聚落群聚形態的研究將徹底改變以往的研究理念，費神費力；另一方面，它讓人看不到快速獲取名利的希望；再一方面，它也大幅增加了獲取名利的難度，即將到手的名利也飛了。正因此，儘管新的時代有了新的理論與學說，但得到的卻是熟視無睹視若罔聞無人問津。

實際上，這也就是為什麼實用主義會四處泛濫的根本原因，因為名利已深入中國考古學的靈魂。人們不僅追求收支平衡，更期待收大於支。

（二）微觀的不足與缺陷

主要有四個方面。

第一，以聚落個體為主，城址與大型聚落的研究一花獨秀。

截止目前為止，中國史前聚落考古的主要對象還是以聚落個體為主，主要的研究內容也多限於聚落個體差異的比較。其中，城址與大型聚落的考古信息量不僅較大，還雙雙被學界公認是史前晚期社會等級化、複雜化的顯著標誌。因此，關於它們的個體研究與比較早已成為我國史前聚落形態與文明起源研究的重點與主流。

第二，流行指標因素簡單比較的認知模式。

根據聚落面積、城牆、城內夯土臺基、墓葬、隨葬品等指標因素簡單對比併判別聚落地位與等級高低的認知模式，目前已成為國內聚落形態研究的流行和主要方法。儘管這種方法的使用表面上似乎也有一定程度的合理性，但它只關注聚落個體形態與內涵的差異，只關注聚落的等級劃分，並將等級

〔註47〕裴安平：《中國史前聚落群聚形態研究》，北京：中華書局，2014年。

劃分與屬性研究直接對應，從而模糊了聚落社會屬性與等級關係的複雜性，也模糊了等級、規模、實力三者關係的不平衡性與複雜性。

第三，聚落群的研究尚未擁有獨立的地位。

儘管有許多專家都注意到了聚落群的存在，但由於缺少專門的關於聚落群研究的理論與方法，因而聚落群的研究多從屬於城址和大型遺址的研究，哪個面積大哪個就是王，周邊其他的聚落和遺址就都是「衛星」。這說明我國關於史前聚落群的研究還相當薄弱和空虛。

第四，碳十四測年數據開始為古文明定「座標」〔註48〕。

現代田野考古學之所以成為科學就因為它擁有考古地層學與器物類型學二大方法論基礎和支柱。因此，無論任何時候它們都是確定遺跡遺物以及考古學文化相對年代的主要依據。至於碳十四測年法，作為一種自然科學方法在考古領域中運用，它有一個不斷發展完善的過程，因而其測試結果只能作為考古學遺跡遺物以及考古學文化絕對年代認識的一種參考，絕對不能作為考古遺跡遺物和考古學文化相對年代認識的依據。然而，值得注意的是，碳十四測年數據現已日趨人性化，而且其重要性已經超過器物形態學的研究結果，甚至可以給古文明定「座標」。

為什麼會出現這種現象呢？實際正是考古人和碳十四聯手抬高發掘意義的結果。

總之，無論是宏觀還是微觀，實用主義都在腐蝕考古學嚴謹求實的靈魂。正因此，提倡和推動血緣社會聚落群聚形態研究，不僅有助於歷史的復原與研究，更有助於中國考古學回歸正道。

結束語

如果說聚落的研究可以幫助考古學將一個個獨立的人連結成為了一個基本的史前社會單位，那麼聚落群聚形態的研究就可以更上一層樓，幫助考古學將一個個獨立的史前社會單位連結成為一個有機的組織整體。因此，任何聚落形態的研究如果缺失了群聚形態的研究，那不僅是不夠完整，也不符合歷史的真實。

就中國考古學的研究實踐而言，關於空間分析的方法人們早已熟練地運

〔註48〕李禾：《碳十四等測年法為古文明定「座標」》，北京：《科技日報》，2013 年 1 月 5 日，第 3 版。

用於聚落內部房址與墓葬的分組研究，但人們既沒有將這種方法繼續引入到聚落群聚形態的研究當中，也沒有賦予聚落群聚形態的研究以獨立的地位。為此，利用空間分析的方法將聚落群聚形態納入聚落形態研究的系統中去，完全是一種新的嘗試與探索。此外，就研究的思維方式而言，人們也早已習慣了以個體為主的研究，習慣了立足個體去考察整體的思路，因而立足群體考察個體，推崇個體與群體雙向考察，也不失為一種新的理念與方法。

不過，史前聚落群聚形態的研究還只是剛剛起步，對許多相關問題的認識和理解還不免浮淺，簡單；但它畢竟為中國史前聚落形態與文明和國家起源的研究推開了一扇新的視窗。

原稿發表於 2010 年中國社科院考古所《中國聚落考古的理論與實踐》，2021 年 8 月重新改寫

中國考古與「酋邦」

之所以要討論中國考古與酋邦的關係，是因為「酋邦理論」已經成為了世界範圍內文明與國家起源研究的重要理論，對中國也影響很大。

一、酋邦理論對中國影響的現狀

第一個使用「酋邦」（chiefdom）一詞的是美國人類學家卡萊爾沃・奧博格（Kalervo Oberg）。1955 年，他在一篇文章中，分析了南美洲低地的一種部落社會，使用了「政治上組織起來的酋邦（politically organized chiefdoms）」這一術語〔註1〕。

20 世紀 60 年代，美國人類學家塞維斯（Elman R.Service）根據夏威夷群島波利尼西亞民族原始文化的資料又提出了相對比較系統的酋邦理論〔註2〕，從而使這一概念與認識逐漸成為了國際上歷史學、考古學和人類學領域流行的研究理論。

2009 年 11 月 4～5 日，中國社會科學院世界歷史研究所主辦的「古代國家的起源與早期發展國際學術探討會」在北京召開。來自中國、美國、日本、荷蘭、俄羅斯的五十多位中外學者圍繞古代國家起源與早期形態等問題進行了跨學科的對話與交流。其中，關於「酋邦」的問題就是一個討論的熱點。

會後，有關《綜述》從四個方面對「酋邦」理論及其對中國的影響進行

〔註1〕Kalervo Oberg, *Types of Social Structure among the Lowland Tribes of South and Central America, in American Anthropologist*, 57(1955), pp.472-487.

〔註2〕Elman R. Service, *Primitive Social Organization: An Evolutionary Perspective*, 1962; Elman R. Service, Origins of the State and Civilization: The Process of Cultural Evolution (New York: W. W. Norton & Company, 1975.)

了全面的分析〔註3〕。

第一，認為 20 世紀六七十年代，美國人類學新進化論學派提出的分層社會理論、酋邦理論，以及荷蘭萊頓大學亨利‧克賴森（Henri J.M.Claessen）提出的早期國家理論，逐漸成為了當今文明與國家起源研究領域最重要的理論工具，在中國學術界也產生了較大反響。

第二，認為 20 世紀八、九十年代，是張光直、童恩正、謝維揚率先將酋邦理論和早期國家理論介紹到中國來的，並嘗試與中國古代國家起源的研究相結合。此後，一些中青年學者也表現出了對酋邦理論、早期國家理論的極大興趣，並越來越多地在各自學科的研究中使用酋邦、分層社會、早期國家這類新名詞。雖然不占主流，但漸有以西方人類社會演進新學說代替傳統的馬克思主義的社會演進學說的趨勢。

第三，認為酋邦之所以在中國迅速傳播的原因主要是具有較高的理論價值和啟示作用。因為，摩爾根和恩格斯的古代社會演進學說僅僅表明從氏族社會到國家發生過一次質變——平等的氏族社會變為不平等的階級社會，在這一演變過程中是否存在某些過渡階段呢？20 世紀 60 年代，美國新進化論派人類學家的研究表明，在前國家的早期社會中，確實存在著不平等的社會發展階段。對於這一階段，弗里德（Morton H. Fried）稱之為階等社會和分層社會，塞維斯（Service）稱之為酋邦，這就彌補了傳統社會進化論的理論缺口。這一研究成果對於馬克思主義國家起源理論的更新與發展也是有用的，在某種程度上，二者並不矛盾。

第四，認為如何在歷史學、考古學領域運用這種人類學理論，學者們的態度並不一致。

事實上，自「酋邦」進入中國以來，中國學者就一直存在兩種截然不同的態度〔註4〕。

易建平先生就認為酋邦理論「十分有利於中國原始社會的研究，十分有利於中國文明和國家起源的研究，十分有利於近幾十年來中國相關領域新的重大發現，尤其是考古學上發現的解釋」。

〔註 3〕胡玉娟：《全球視野下跨學科的文明與國家起源研究——「古代國家的起源與早期發展國際學術研討會」綜述》，北京：《世界歷史》，2010 年，第 3 期。
〔註 4〕胡玉娟：《全球視野下跨學科的文明與國家起源研究——「古代國家的起源與早期發展國際學術研討會」綜述》，北京：《世界歷史》，2010 年，第 3 期。

　　王震中先生就不這樣認為，並「稱酋邦理論具有假說性，其最大的問題在於將橫向的現存原始民族的諸形態排列為縱向的古代社會發展諸階段」。他也不贊成運用美國人類學家亨利‧懷特（Henry T.Wright）、蒂莫西‧厄爾（Tinothy K.Earle）的「四級聚落等級的國家論」理論來區別酋邦與國家，認為這種劃分帶有主觀性，過於絕對，與中國古代社會情況不符。

　　考古界對待酋邦也有二種不同的態度。一種與易建平先生一樣，一種與王震中先生大同小異。不過，隨著「區域聚落形態」、「四級聚落等級的國家論」等歐美「先進」理論與方法的流行和利用，「酋邦」也已成學術主流〔註5〕。

二、酋邦理論的基本內容

　　根據各方面的資料，歐美的酋邦理論主要有三個組成部分，或三個重點不同的研究層次。

（一）歷史分期

　　認為人類社會的政治組織經歷了遊群、部落、酋邦、國家四個連續發展的階段。

　　美國人類學家塞維斯 1962 年在《原始社會的組織》（Primitive Social Organization）和 1975 年在《國家與文明的起源》（Origins of the State and Civilization）中即認為，人類社會的政治組織經歷了四個連續發展的階段，即遊群、部落、酋邦、國家。

　　應該指出的是，這一認識實際也是在為「酋邦」的存在提供歷史的合理性與價值。

（二）不同時期的不同特點

　　酋邦理論之所以將人類歷史分為四個階段，就因為各有特點不同。下面將以童恩正先生在《文化人類學》〔註6〕一書中的概述為基礎，簡介如下。

1. 遊群

　　由小而遊動的人群所構成，是自給自足的自治團體，是人類在農業起源以前，最原始的一種社會組織。

〔註5〕嚴文明：《農業發生與文明起源》，北京：科學出版社，2000 年，第 105 頁；李伯謙：《考古學視野的三皇五帝時代》，《新田文化與和諧思想論文集》，太原：山西人民出版社，2008 年，第 26 頁。

〔註6〕童恩正：《文化人類學》，上海：上海人民出版社，1989 年，第 216〜227 頁。

特徵之一：是這類社會的技術水平都停留在狩獵採集階段，必須在各處尋找食物，或是為了追蹤獵物，或是為了採集成熟時間不同的植物果實或根莖，所以就決定了他們的流動性質，以及季節性的遷徙。

特徵之二：規模很小。決定遊群大小的因素是他們所處的環境豐饒與否，以及他們自身技術水平的高低。有的每群約有 20 人，有的最大的達 400～500 人。遊群的人數是隨季節而定的，夏天最大，因為這時食物豐富可以供養較多的人數。

特徵之三：是一種平等的社會，同一年齡級序的人享有同等的權利和義務。財產私有的觀念是不存在的。

特徵之四：遊群以內並無常沒的管理機構。

2. 部落

與「遊群」的相似之處，一是人與人之間平等，二是沒有階級，三是沒有正式的領導模式。

與「遊群」的不同之處。

經濟方面，部落社會一般都是從事生產經濟的社會，由於作物栽培和動物馴養較狩獵採集效率更高，所以部落社會較之遊群社會人口密度高，人群團體規模較大，定居亦較穩定。

組織結構方面，部落社會存在一種泛親族組織，它能將小小的地方分支橫向聯繫起來。泛親族組織最主要的目的，還在於團結力量以抵抗鄰近部落的侵襲。因為，主要的生產資料——土地，此時已變得更有價值了，受到外敵的威脅更大。

泛親族組織有二種組織形式。

第一種，構成部落，即在氏族的基礎上構成部落。

第二種，構成分支世系體系。在這種體系中，聯繫的基礎仍然是血緣紐帶。小世系群結合構成中世系群，中世系群又結合而成大世系群，依此類推，直至整個社會結合成為一個總體為止（圖 1）。就對外關係而言，這種制度非常有用，因為當某一單獨的世系群遇到困難時，可以得到其他世系群的幫助。也有人認為分支世系制度的主要功能是一致對外，它常出現在本身需要擴張而周圍的領土又已被鄰入佔據的部落之中。

圖 1：尼日利亞北部蒂夫人（Tiv）世系、領土與中國史前聚落群聚形態關係
示意圖

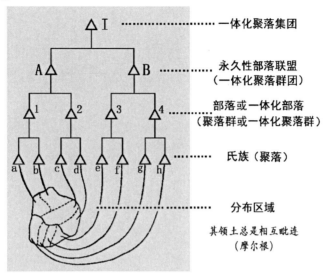

小世系群 a 和 b，各有其土地，他們是中世系群 1 的後代。由 a 和 b 組成的中世系群 1 的領土，再加上由 c 和 d 組成的中世系群 2 的領土，構成了大世系群 A 的領土。A 的領土，加上由中世系群 3 和 4 組成的大世系群 B 的領土，構成了蒂夫人的全部領土 I。所有的蒂夫人，相傳都是 I 的後代。（灰圖部分引自：童恩正《文化人類學》1989 年；文字說明部分為本文作者所加）

3. 酋邦

在人類歷史上，酋邦既不同於部落社會，又不同於以古希臘羅馬為代表的奴隸社會，有可能是由原始社會到奴隸制國家之間的過渡形態。

主要有以下六個特點。

第一，酋邦社會有一固定的核心政治機構，以管理範圍明確的區域之內的一切經濟、社會和宗教的活動。這個政治機構可以有很多人參加，但其最高層卻是一個獨裁的邦主。

第二，在部落社會裏，村社之間的聯合是非正式的，但酋邦社會則有正式的權力機構將跨村社的政治單位連結在一起。

第三，酋邦社會也是以農業或畜牧業為其經濟基礎，但是其生產專門化的程度則超過部落社會。在這裡可能出現一個氏族專門種植，一個氏族專門漁獵，另一個氏族專門從事某種手工業的情況。

第四，村社的成員，仍然是自由民，彼此間主要靠血緣關係連接。村社

內部雖有貧富分化，但階級對立並不顯著。超乎村社之上的酋邦統治機構，是以氏族總體作為統治對象，而不是以個人作為統治對象的。

第五，邦主的職位是永久性的，有時候是通過世襲而來，具有很大的權勢。酋邦社會往往有等級的劃分，不同的等級有時用不同的衣著、飾物或徽號來顯示。

第六，邦主的職能之一是掌管社會產品的再分配。人民的剩餘產品或甚至一部分必需產品先由邦主徵集起來，然後按社會等級重新分配。除了徵集實物以外，邦主還有徵集軍隊、調配社會勞動力的權力。不論是服兵役或勞役，人民都要自己負擔一切開支。此外，邦主很可能又是宗教領袖，能得到超自然力量的支持。這使他的統治具有合法性，還使人民對他產生服從和畏懼的心理。

4. 國家

國家是一個政治組織，有明確的疆界、統一的政府以及保證政府的權威得以執行的一整套強制力量。

從形式上看，凡是存在國家的社會，都有複雜的政治機構，固定的官僚系統，以及對內對外的統治政策。在一個國家裏，強制力量——軍隊、警察、法庭、監獄等——乃是由政府所壟斷。政府憑藉這種力量組織勞動，徵收賦稅，維持社會秩序。

（三）酋邦的多樣化

由於世界各地被認為屬於酋邦階段的民族學與人類學資料的多樣性，所以 20 世紀 80 年代前後，美國人類學家塞維斯的研究受到了一些批評，一方面有人認為他的研究過於簡單，另一方面有人又提出了許多新的認識。

1988 年 1 月，美洲研究學會舉行了一個酋邦研討會，會議的紀要曾發表在 1989 年 2 月號的《當代人類學》（Current Anthropology）上，1991 年又收入劍橋大學出版社出版的美國人類學教授 T·厄爾（Tinothy K.Earle）主編的《酋邦：權力、經濟和意識形態》（Chiefdoms：Power，Economy，and Ideology）一書中。對此，陳淳先生概述說：「這個研討會是該領域一流學者們的一次集會，對酋邦問題進行了非常深入全面的探討。會上所提出的一些問題，不僅僅是對當時酋邦研究成果的一次總結，而且對於後來包括今天在內的國家文明起源研究都有十分重要的意義。會議不僅探討了酋邦的概念，更著重探討了酋邦產生和存在的動力機制。首先，酋邦被認為具有極大的多樣性。從規

模上可分為簡單酋邦和複雜酋邦；從財政基礎而言，根據支付媒介的特點，可以區分為產品經濟型酋邦和財富經濟型酋邦；從結構上，酋邦可以分為集體型酋邦和個體型酋邦。其次，伴隨對當時盛行的人口壓力是社會演變主要原因學說的反思，學者們全面探討了酋邦權力起源可能存在的所有動力，主要從三個方面（對經濟、戰爭和意識形態的控制）總結為十項策略。與會者的一種共識是，權力的三個組成部分某種程度體現了不同的策略，而有效的統治似乎有賴於多種不同策略結合使用，以便集中權力並克服單一權力來源的侷限性，這是各地案例中較為普遍的現象。另外，會議還討論了環境在酋邦發展中的作用、酋邦的規模與層次、以及酋邦的輪迴等等其他一些重要問題」〔註7〕。

三、中國考古與酋邦

已有的發現表明，中國的史前考古與酋邦理論格格不入。在這片大陸上根本不存在所謂的酋邦，也沒有酋邦理論生長的土壤。

（一）歷史上就不存在獨立的「遊群」

下面舉二例予以說明。

1. 河北陽原泥河灣盆地的舊石器早期遺址

河北陽原泥河灣盆地的舊石器早期遺址，最早距今約二百多萬年。由於這裡的舊石器時代考古持續不斷，碩果累累，被學界譽為「中國乃至世界相關科學研究的經典地區」〔註8〕。

根據謝飛等三人合著的《泥河灣舊石器文化》一書中提供的資料，那裡舊石器早期就明顯存在一種長期居住的遺址相互近距離群聚在一起的現象（圖2）。其中，9 個遺址就密集地聚集在一個東西長不足 2 公里，南北寬約 1 公里的長條形地帶內，以致書的作者們也認為「舊石器時代早期遺址均集中分布於此，構成了一個較為龐大的遺址群」。

在這個群體中，分別有以遺址為單位近距離相聚的遺址群至少 4 組，即 1、2 號馬圈溝與半山，3、4 號小長梁與大長梁，5、6、7 號飛梁、東谷坨與霍家地，相互距離僅 2～3 百米。此外，又由於這些遺址群相互之間的距離還

〔註7〕陳淳：《酋邦的演化》，南昌：《南方文物》，2007 年，第 4 期。
〔註8〕劉東生：《泥河灣舊石器文化·序言》，石家莊：花山文藝出版社，2006 年，第 1 頁。

特別近，所以它們又屬於以遺址群為單位近距離相聚的同一個更高一級的組織——遺址群團。

根據已有的發掘資料，泥河灣的舊石器時代早期遺址並非都是「流動性」和「季節性」的產物，如飛梁、東谷坨遺址的發掘就證明它們曾經是同時期的遺址群。

圖2：河北陽原泥河灣舊石器早期主要遺址分布圖

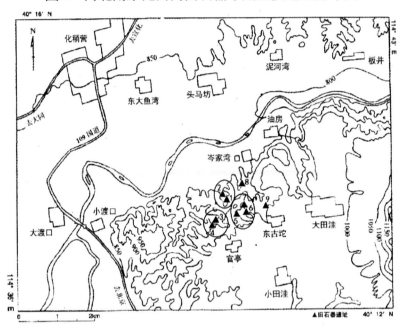

1. 馬圈溝，2. 半山，3. 小長梁，4. 大長梁，5. 飛梁，6. 東谷坨，7. 霍家地，8. 岑家灣，9. 馬梁。（引自：謝飛等《泥河灣舊石器文化》）

東谷坨遺址（圖2，6），1981年發現並隨即進行了試掘，截至2001年，遺址總髮掘面積達120平方米。據謝飛等先生介紹〔註9〕，遺址面積較大，文化層最厚達3米多，遺物發現也很豐富。雖然「遺址中沒有發現明顯的遺跡現象，但是大量碎屑和碎骨片的存在，說明在這裡曾經有過打片活動和餐食活動，並且，由於作用於遺址的水動力比較平緩，沒有對遺址造成大的擾動。」遺址石器的製作水平也名列泥河灣舊石器早期遺址之冠，「除技術改進外，應與遺址性質及所佔用的時間有密切關係。據分析，遺址處在當時泥河灣湖濱

〔註9〕謝飛等：《泥河灣舊石器文化》，石家莊：花山文藝出版社，2006年，第58～66頁。

的河流入口處的河漫灘環境下，這裡往往是人類或其他動物活動的最頻繁地段，巨厚的文化層顯示，人類在這裡持續的時間長，眾多的石製品證實，這裡絕不是人類短暫的活動留下的遺物，而是長時期的佔據或多年反覆光顧的結果」。

　　飛梁遺址（圖 2，5），位於東谷坨西北，相距僅 200 米，1990、1996 年先後二次發掘，總髮掘面積近 100 平方米。其中，1990 年的發掘，美國著名的舊石器考古學家加州大學伯克利分校柯德曼教授，印第安那大學屠尼克和凱西・石克教授，猶他大學著名地質學家布郎教授，都在現場指導發掘。1996年，遺址的發掘則完全是由河北省文物研究所與美國印第安那大學組成的考古隊聯合發掘的〔註10〕。

　　發掘的主要收穫有三點。

圖 3：東谷坨、飛梁遺址地層剖面比較圖（左）與飛梁遺址探方 T0K 東壁地
　　　層剖面圖（右）

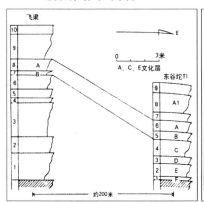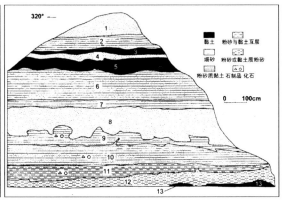

引自：謝飛等《泥河灣舊石器文化》

　　第一，發現遺址 A、B 文化層的年代與東谷坨遺址文化層 A、B 相當（圖3，左），說明二者年代、屬性接近。

　　第二，發現遺址厚達 2 米以上的文化堆積層（圖3，右，第9～11 層）。

　　第三，發現了「文化遺物分布上存在 4 個相對集中區域……造成這種現象往往是人為的，與當時佔有者生產、生活行為息息相關」〔註11〕。

〔註10〕謝飛等：《泥河灣舊石器文化》，石家莊：花山文藝出版社，2006 年，第 67頁。

〔註11〕謝飛等：《泥河灣舊石器文化》，石家莊：花山文藝出版社，2006 年，第 67～80 頁。

由於以上二個遺址不僅時代接近，距離接近，文化層堆積較厚，而且還有人類的生產生活遺跡存在；因此，它們之間就應該不是一種因追逐食物而偶然相聚在一起的孤獨的「遊群」群體，而是互有組織關係的長期穩定居住的人群。

2. 皖東南水陽江流域的舊石器早期遺址

水陽江是長江南岸的一條支流，位於蘇皖浙三省交界處。20 世紀 80 年代以後，在皖東南寧國至宣州長約 70 公里最寬約 20 公里的江段二岸，發現了 2 箇舊石器早期的遺址群團〔註12〕。

（1）I 號寧國遺址群團

位於寧國縣城周圍，一共 8 個遺址，分屬 2 個遺址群。

第一群，5 個遺址，分別是 1 號英雄嶺、2 號縣百貨公司倉庫、3 號縣磚瓦廠、4 號竹峰安沖、5 號河瀝溪鎮磚瓦廠。其中，1 號距 2 號僅 500 米，其他的相距約 1～1.5 公里（圖 4，一，1-5）。

第二群，3 個遺址，分別是 6 號官山、7 號毛竹山、8 號羅溪磚瓦廠（圖 4，二，6-8）。其中，毛竹山距官山 500 米。

（2）II 號宣城遺址群團

南距 I 號群團最近約 22 公里，從宣城往下，沿水陽江兩岸一共有 10 個遺址，分屬 4 個遺址群。

第三群，3 個遺址，分別是黃渡磚瓦廠、魯溪黃土坡、陳山（原名：向陽磚瓦廠）。其中，陳山距黃土坡約 1 公里，距黃渡磚瓦廠約 4 公里（圖 4，三，9-11）。

第四群，2 個遺址，分別是孫埠鎮洋山、邱林磚瓦廠，相距約 3 公里（圖 4，四，12、13）。

第五群，2 個遺址，分別是雙河第一磚瓦廠與夏渡第二磚瓦廠，相互距離約 1 公里（圖 4，五，14、15）。

第六群，3 個遺址，分別是夏渡磚瓦廠、原市司法局磚瓦廠、敬亭磚瓦廠，相互距離 1.5～3 公里（圖 4，六，16～18）。

〔註12〕 房迎三：《水陽江舊石器地點群埋藏學的初步研究》，北京：《人類學學報》，1992 年，第 2 期；房迎三：《皖南水陽江舊石器地點群調查簡報》，合肥：《文物研究》第三期，黃山書社，1988 年。

圖4：安徽水陽江舊石器遺址位置圖

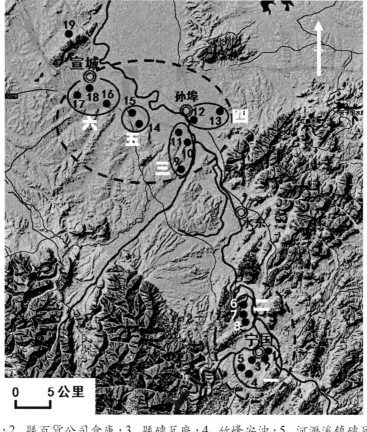

1. 英雄嶺，2. 縣百貨公司倉庫，3. 縣磚瓦廠，4. 竹峰安沖，5. 河瀝溪鎮磚瓦廠、6. 官山，7. 毛竹山，8. 羅溪磚瓦廠，9. 黃渡磚瓦廠，10. 魯溪黃土坡，11. 陳山（向陽），12. 洋山，13. 邱林磚瓦廠，14. 雙河第一磚瓦廠，15. 夏渡第二磚瓦廠，16. 夏渡磚瓦廠，17. 原市司法局磚瓦廠，18. 敬亭磚瓦廠，19. 圍山鄉第二磚瓦廠。（所有遺址點、名稱皆引自房迎三《人類學學報》1992年；圖中實線圈、虛線圈均為本書作者所加）

　　值得注意的是，宣城陳山磚瓦廠、寧國羅溪村毛竹山、寧國羅溪村官山等三地點，由於內含豐富還被發掘者譽為是水陽江流域舊石器時代人類居住與活動的三大「營地」〔註13〕。

　　宣州陳山（向陽）遺址，雖歷年製磚已取土數萬平方米，但現存的面積仍有數十萬平方米。1988年調查時，該地點還發現各類石製品千餘件。為此，房迎三先生認為：「根據石器地點和文化遺物的分布情況、埋藏情況、各石器

〔註13〕房迎三：《中國的舊石器地點群》，鄭州：《華夏考古》，1993年，第3期。

地點的面積和文化層的厚度分析，水陽江舊石器地點群可能是一個以向陽地點為中心，半徑約 30 公里的古人類生活圈（Living district）」。

1993 年，南距毛竹山僅 500 米的寧國官山遺址東區發掘，面積 200 平方米〔註 14〕，在清理遺址上文化層時，曾在 25 平米範圍內發現一石製品數量稀少的古人類生活面〔註 15〕。

圖 5：安徽寧國毛竹山遺址遺跡平面圖

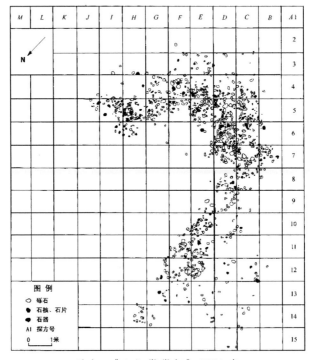

引自：《人類學學報》2001 年

1997 年，寧國毛竹山發掘。由於窯場取土破壞等原因，遺址現存面積僅 3000 平方米，但當年的發掘卻發現了一處人類舊石器早期的生活遺跡（圖 5）。該遺跡長軸約 10 米，短軸約 6 米，整體由 1167 件礫石與石製品組成的環帶構成，輪廓略呈長圓形；中間現存的是空白區，面積 4.7×4 平方米。此外，在寬約 2 米的環帶內，還發現了 20 個由礫石與石製品構成的小圈，直徑 20～40 釐米。根據遺跡環帶內礫石與石製品的埋藏學和類型學研究，並綜合

〔註 14〕 房迎三：《水陽江舊石器地點群的發掘與研究》，合肥：《文物研究》第十一輯，黃山書社，1998 年，第 3 頁。

〔註 15〕 房迎三等：《安徽寧國毛竹山發現的舊石器早期遺存》，北京：《人類學學報》，2001 年，第 2 期，第 123 頁。

考慮到遺跡的形態特徵，發掘者最後推測它更可能是一種人類的生活遺跡。

顯然，以上的發現都不像是「遊群」的遺跡，而是人類長期生活的遺存。

因此，綜合中國南北不同地區舊石器時代遺址的發現就為人們認識人類早期的居住與生活方式提供了非常重要的啟示。

第一，距今二百萬年以前，在人類的居住與生活模式中就不存在由小而遊動的人群所構成的自給自足的自治團體，而是普遍流行以血緣為紐帶並相聚為群的居住與生活模式。

第二，遺址群與遺址群團的二級組織結構表明，由於人口的增加和生產能力的侷限而自然分裂的族體，一方面要與母體分開，獨立生活；另一方面又要距離母體很近。因此，隨著時間的推移，群體的分裂與擴大，就自然形成了遺址群與遺址群團的二級組織結構。

第三，由於地廣人稀，所以在面對食物資源匱乏的自然環境時，人類會很自然地換一個更好的地方居住，而不會長期去當「遊群」，並心甘情願地總忙於不穩定的追逐食物。此外，如果真的要搬家，也應該是一種有組織的行為，而不是每一個遺址獨自成為「遊群」，自行其事，自謀出路。

第四，「原始群」、「遊群」等名稱表面上似乎更符合人類從低級到高級的進化歷史與邏輯；但中國的事實證明，這些名稱並不科學，也沒有反映當時的歷史事實和主流的生產生活方式。

（二）歷史上不存在「遊群」之後的「部落」時代

這是一個世界性的問題，很久以前，也包括摩爾根、恩格斯，幾乎所有的學者都認為人類最早的社會單位就是獨立生存的「原始群」；後來，由於婚姻形態的變化，人類的社會組織才出現了氏族與部落。「酋邦理論」之所以認為「部落」是一個人類歷史中的獨立階段，顯然也與以上的認識有關。

根據已有的資料，「酋邦理論」對於「部落」的認識共有四個問題。

1. 歷史上就不存在一個單獨以部落為組織形態的時代

中國的史前考古，特別是中國史前聚落群聚形態的研究告訴人們，史前不僅是一個血緣社會，而且作為血緣社會基本組織形式之一的部落，從舊石器時代早期一直到商周時期都有存在。其中，河北陽原泥河灣盆地大田窪臺地的舊石器早期遺址，以及河南安陽殷墟大量存在的「族邑」，就是這方面最好的證明。

與此同時，中國的史前考古，特別是中國史前聚落群聚形態的研究還告

訴人們，從舊石器時代早期一直到商周時期，「部落」從來就沒有獨立存在過，它從來都是多級的血緣組織中的一級，從來都是氏族之上部落聯盟之下的一級組織。

因此，史前至夏商周時期，社會就從來沒有出現過以「部落」為唯一組織形式的歷史時段。

2.「部落」只是舊石器至新石器時代中期最主要的社會組織

「酋邦理論」之所以將「部落」視為舊石器時代之後的一個獨立時代，關鍵的原因就在於它並不知道「部落」從舊石器時代早期一直到新石器時代中期都是主要的社會組織。

中國的考古與聚落群聚形態的研究表明，史前社會之所以在史前晚期以前長期以部落為主要社會組織，主要有四個方面的基本原因。

第一，部落內部的人員之間擁有自然的親密的直系的血緣關係。

第二，由於女兒氏族都是從母氏族分裂出去的，所以生產資料依然是母氏族即部落集體所有，因此部落內部的聚落之間一般都沒有寬闊的用以相互隔離的「中立地帶」〔註16〕。

第三，由於地廣人稀，自然經濟，人類社會組織之間的矛盾也比較平和；即使有矛盾，也不一定都是你死我活才能解決。

第四，雖然「凡屬有親屬關係和領土毗鄰的部落，極其自然地會有一種結成聯盟以便於互相保衛的傾向」〔註17〕；但是，「親屬部落間的聯盟，常因暫時的緊急需要而結成，隨著這一需要的消失即告解散」〔註18〕。

顯然，是人與人之間自然親密的血緣關係與社會發展的現實需求才使「部落」成為了當時最主要的社會組織。

不過，史前晚期，隨著文明的起源社會的一體化，部落就不再是最主要的社會組織了。

3. 不能將所有泛親族組織都納入「部落」之內

早期的「酋邦理論」認為，「部落」有二種組織模式。第一種，在氏族的

〔註16〕恩格斯：《家庭、私有制和國家的起源》，《馬克思恩格斯選集》第四卷，北京：
　　　　人民出版社，1974年，第87頁。
〔註17〕〔美〕摩爾根：《古代社會》，北京：商務印書館，1997年，第120頁。
〔註18〕恩格斯：《家庭、私有制和國家的起源》，《馬克思恩格斯選集》第四卷，北京：
　　　　人民出版社，1974年，第89頁。

基礎上構成的部落。第二種，以部落為單位構成分支世系體系。即以血緣紐帶，小世系群結合構成中世系群，中世系群又結合而成大世系群，依此類推，直至整個社會結合成為一個總體為止（圖1）。

根據中國考古學的發現與研究，以上的認識又對又不對。

第一，認為部落是在氏族的基礎上構成的，這是對的。但是，以為在部落之上再無更高一級組織的認識又是不對的。因為，從舊石器時代早期一直到夏商周時期，部落從來都是多級血緣社會中的一級，是氏族之上部落聯盟之下的一級。

第二，認為血緣組織存在「世系」的體系，是對的。但是，將它籠而統之地歸於「部落」門下又是錯的。因為，圖1所示尼日利亞北部蒂夫人（Tiv）世系與領土關係就證明那是一個真正的聚落集團一級的組織，不僅等級規模比部落高二級，而且在時間上也是史前晚期才出現。但是，「酋邦理論」並不理解不同時代不同社會背景對泛親組織不同結構與形態的影響，於是就將過程與結果都疊壓在一起了，並不加區分地就將這種疊壓結果又歸屬於「部落」名下，顯示錯了又錯。

在中國，史前考古和聚落群聚形態的研究表明，聚落集團是史前晚期最後才登上歷史舞臺的以血緣為組織紐帶的聚落組織，它的出現是人類社會組織之間的矛盾日趨激化不可調和的反映和產物。

因此，不能因為在史前晚期才出現的這種聚落組織之中包含了部落，所以就將它橫向地歸屬在「部落」門下。

4. 孤獨的人類學研究容易出錯

由於缺少考古資源與大量的調查發掘，所以歐美人類學界對有關調查資料的認識往往就有一種明顯孤立的我行我素的傾向，並過分地強調了這些資料的重要性與絕對性，並將這些資料的結果都用於史前歷史的解釋，讓史前考古的發現與資料都儘量向這些資料的結果靠攏，以證明這些資料的結果都是普遍現象和真理。

但是，現代尚存的「部落」社會大多數都是人類社會進化樹的旁支，又由於這些旁支或多或少不僅在時間與空間二方面都存在一些歷史的疊壓現象，如上述尼日利亞北部蒂夫人（Tiv）泛親組織就是疊壓了社會組織演變歷史過程的典範，它讓人們只看到結果而沒有看到過程，並很容易就誤以為它與普通部落都是同時代的產物。此外，這些旁支在以後的發展中還可能生出

一些自己獨有的地區性的新事物新特點，如「產品經濟型酋邦和財富經濟型酋邦」。所以，在對它們進行單獨的考察之後，就將它們都視為歷史發展主流的化身與代表，就將他們的一切和特點都視為人類史前社會生活的楷模，都視為人類史前社會生活的必經之路，這在邏輯上方法上都是講不通的。

事實上，如何將人類學、民族學調查資料中常見的歷史疊壓現象正確地剝離開來，還原歷史的本來過程與面貌，正是現代人類學、民族學遇到的一個重大問題。中國的史前考古與聚落群聚形態的研究表明〔註 19〕，要科學地認識史前考古學發現的意義，僅單向地以人類學、民族學的調查資料為準為標尺的思想與方法是不夠的，有時甚至是錯誤的。因此，還應該更多地注意考古資料自身內涵與規律性現象的揭示和理解，並倡導人類學、民族學與考古學相互結合，吸收考古學的營養，相互啟發，相互較正。

目前，就世界範圍而言，單向地強行地將「酋邦理論」中的「部落」推廣到中國的考古領域，明顯是一種錯誤，也明顯與中國史前聚落形態的演變歷史不符。

（三）歷史上不存在獨立的「酋邦」時代

儘管早晚期的「酋邦理論」利用一些人類學、民族學的調查資料，就「酋邦」的問題進行了大量的理論研究，也取得的了一些相應的成果。但是，這些成果也像「部落」一樣，嚴重地脫離了史前考古，脫離了史前考古資料的啟發，從而在面對多有歷史疊壓現象的人類學民族學資料的時候，就缺少了將主要的與次要的，將過程與結果，都剝離清楚的能力與認識的武器。所謂「簡單酋邦」與「複雜酋邦」、「產品經濟型酋邦」與「財富經濟型酋邦」、「集體型酋邦和個體型酋邦」的分類與提出，就都是這方面缺陷和問題的集中反映與暴露。不難想像，這種既缺少批判的武器，又缺少武器的批判的研究，還會不斷提出更多的無法說清楚是橫向多樣性還是縱向多樣性的「酋邦」類型，是正在成長的還是正在「輪迴」的「酋邦」類型。

根據中國史前考古的發現與資料，歷史上就根本不存在一段獨立的「酋邦」時代。

1. 沒有一段歷史與「酋邦」相似

中國史前的聚落群聚形態研究表明，新石器時代中期及以前，由於人地

〔註 19〕裴安平：《中國史前聚落群聚形態研究》，北京：中華書局，2014 年。

關係寬鬆，社會矛盾平和；所以，當時主要的社會組織就是由親屬關係很近的聚落構成的聚落群即部落，而由聚落群組成的聚落群團即臨時性部落聯盟，內部各成員之間則距離較遠，關係鬆散。

圖6：各有關聚落群體與聚落遺址平面圖

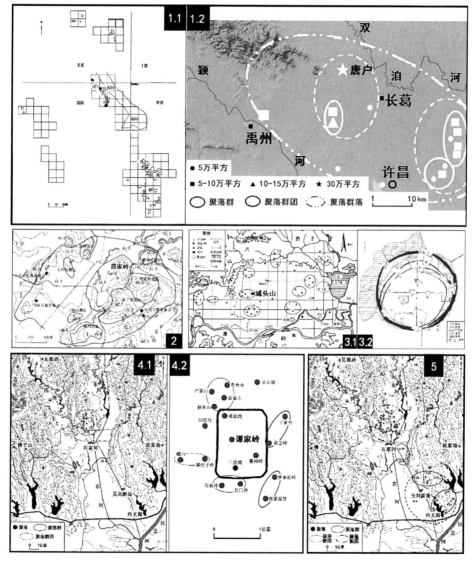

1.1、1.2 引自：張松林《鄭州市聚落考古的實踐與思考》；2 引自《江漢考古》2008 年第 2 期；3.1 引自：裴安平《中國史前聚落群聚形態研究》；3.2 引自：湖南省文物考古研究所《澧縣城頭山》；4.1、4.2、5 引自：《江漢考古》2008 年第 2 期。圖中虛、實線圈及灰色區為本文作者所加

距今 8000 年以後，由於人多地少，社會矛盾不斷趨於激化。從此，聚落群聚形態發生了歷史性的重大變化，聚落組織的一體化大型化整體化高潮迭起〔註20〕。

第一階段：最早開始於距今 8000，高潮是距今 6000～5000 年，以河南新鄭唐戶（圖6，1.1、1.2）〔註21〕、湖南澧縣城頭山（圖6，3.1、3.2）〔註22〕、湖北石首走馬嶺——屯子山〔註23〕、天門龍嘴〔註24〕等城址的發現為代表，標誌著史前第一批一體化整體化的聚落群已經登上歷史舞臺。

第二階段：距今 5000～4500 年，以湖北天門石家河（圖6，4.1、4.2）與京山屈家嶺（圖6，2）所在聚落群團為代表，標誌史前第一批大型化一體化整體化實體化的聚落群團已經登上了歷史舞臺。

第三階段：高潮發生於距今 4500～4000 年。以湖北天門石家河地區的石家河文化（圖6，5）、浙江餘杭良渚三鎮良渚文化的聚落組織為代表，標誌著史前第一批超大型化一體化整體化實體化的聚落集團，以及早期國家、古國都已經登上了歷史舞臺。

值得注意的是，以上三大階段沒有一段像「酋邦」。

第一階段，距今 5000 年以前，由於整個社會當時最主要的聚落組織就是以血緣為紐帶的聚落群，即部落。又由於只有部落才有「酋長」，而由許多部落跨血緣跨地域聯合起來的組織才能成為「酋邦」。正如美國的蒂莫西・厄爾（Tinothy K.Earle）所言「最好被定義為一種地域性組織起來的社會」〔註25〕。所以，當時就根本沒有既跨血緣又跨地域的「酋邦」可言。

第二階段，距今 5000～4500 年。雖然這一時段出現了大型化一體化整體化實體化聚落群團，但是它們都是在血緣的基礎上跨部落構成的永久性一體化部落聯盟，沒有一個是「地域性組織起來的社會」，因而也與「酋邦」無緣。

〔註20〕裴安平：《中國史前聚落群聚形態研究》，北京：中華書局，2014 年。

〔註21〕張松林：《鄭州市聚落考古的實踐與思考》，《中國聚落考古的理論與實踐（第一輯）》，北京：科學出版社，2010 年，第 199 頁。

〔註22〕湖南省文物考古研究所：《澧縣城頭山》，北京：文物出版社，2007 年。

〔註23〕荊州市文物考古研究所等：《湖北公安、石首三座古城址勘察報告》，北京：《古代文明》第 4 卷，第 404 頁。

〔註24〕湖北省文物考古研究所：《大洪山南麓史前聚落調查》，武漢：《江漢考古》，2009 年，第 1 期。

〔註25〕陳淳編著：《考古學理論》，上海：復旦大學出版社，2004 年，第 253 頁。

第三階段，距今 4500～4000 年。由於在這個階段裏新的純血緣的聚落集團，或只跨血緣或又跨血緣又跨地域的早期國家，與古國都同時登上了歷史舞臺；所以，這一段也不是只有「酋邦」的獨立時代。

2. 社會的分層、權利的集中、經濟的再分配都與「酋邦」無緣

中國史前的聚落群聚形態研究表明〔註26〕，史前晚期社會的分層、權利的集中、經濟的再分配都與「酋邦」無關，而是血緣聚落組織大型化整體化一體化內部的事務。

就社會的分層而言，由於史前晚期聚落組織的規模越來越大，所以組織的層級也就越來越多（圖 7）。

圖 7：史前聚落組織內部組織結構與層級示意圖

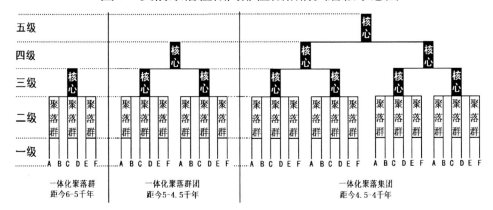

距今 6～5 千年，雖然聚落群團是一種規模比聚落群更大的以血緣為紐帶的聚落組織；但是，「親屬部落間的聯盟，常因暫時的緊急需要而結成」。因此，相對而言，聚落群才是一個真正的集體勞動集體生活的實體組織單位。距今 8000 年，當歷史開始踏上聚落組織規模化一體化之路的初期，首當其衝的就是聚落群。因此，當時的聚落群最早就出現了等級地位分化，出現核心聚落與從屬聚落；河南鄭州新鄭唐戶（圖 6，1.1、1.2）、湖北天門龍嘴、湖南澧縣城頭山（圖 6，3.1、3.2）就都是這方面的代表。

距今 5～4.5 千年，伴隨著聚落社會組織的大型化一體化進入了一個新的歷史時期，出現了大量聚落同時期近距離、超近距離、零距離抱團相聚的新型一體化聚落群團，即永久性部落聯盟。因此，聚落社會的等級至少比前期多了二級，即核心聚落群與核心聚落群的核心聚落，湖北京山屈家嶺（圖 6，

〔註26〕裴安平：《中國史前聚落群聚形態研究》，北京：中華書局，2014 年。

2）、天門石家河屈家嶺文化時期城址（圖6，4.1、4.2）等，就是這方面的代表。

距今4.5～4千年，聚落社會的矛盾與爭奪進入了白熱化時期。一方面是戰爭不斷，一方面是各種新型聚落組織相繼崛起。聚落集團，反映的是血緣組織的進一步大型化一體化；早期國家，反映的是血緣組織之間為了擴大實力，跨血緣，或又跨血緣又跨地域的合縱連橫與相互結盟；古國，反映的是第一代又跨血緣又跨地域，還在不同血緣聚落組織之間建立了統治與被統治關係的社會組織的出現。因此，聚落社會的等級至少比前期又多了三級，即核心聚落群團、核心聚落群團內的核心聚落群、核心聚落群團內的核心聚落，如湖北天門石家河（圖 6，5）、浙江餘杭良渚遺址群〔註27〕就是這一歷史階段的代表。

就權利的集中而言，由於史前晚期聚落組織的規模越來越大，組織的層級越來越多，越來越高。所以，在這種背景下，相關的權利不僅也越來越集中，而且權力覆蓋的範圍也越來越廣；尤其是古國的出現，更表明暴力開始成為了一種新型的權力獲取模式。

顯然，權力集中的基礎與條件首先並不是起因於社會的地緣化，也不是因為有了「酋邦」才有權利的集中，而是社會組織矛盾不斷激化與血緣組織本身不斷大型化一體化的需要。

就經濟的再分配而言，這個問題實際也是因為聚落組織的大型化一體化以及權利的集中而帶來。

僅以湖北天門石家河為例。

石家河文化時期，以石家河城址為中心的，聚落的個體數也由18個發展為40個，聚落組織的屬性也由屈家嶺文化時期的聚落群團自然升級為聚落集團。值得注意的是，隨著聚落組織一體化規模的擴大，手工業的規模化專業化分工化現象也升級了。

第一，出現了只為本集團貴族服務的製玉與冶銅作坊。

這類作坊分別見於羅家柏嶺、肖家屋脊、鄧家灣三個遺址。

羅家柏嶺，位於石家河城址以外的東南（圖6，4.2），20世紀50年代中後期遺址發掘，就發現一處製作玉、石器的建築遺跡。「出土錐體棒形石料及有銼痕等加工痕跡的石器半成品有五百餘件，出玉器四十餘件、石器七

〔註27〕浙江省文物考古研究所：《良渚遺址群》，北京：文物出版社，2005年。

十餘件（玉、石料及半成品在外）」〔註28〕。此外，當年發掘時，「在 T3、T7、T14、T19、T20、T30 等探溝的 1～3 層中，還發現有銅器殘片和銅綠石等遺物」〔註29〕。

肖家屋脊，也位於城的東南，並與羅家柏嶺為鄰（圖 6，4.2）。石家河文化地層和灰坑的發掘中都發現了銅礦石，最大的一塊近方形，長 4.8 釐米，寬 4.4 釐米，厚 2.3 釐米〔註30〕。

鄧家灣，位於城內的西北（圖 6，4.2），「石家河文化地層中發現不少銅礦石（孔雀石）碎塊。最大塊的直徑為 2～3 釐米」，「銅器僅見一件殘片。標本 T4②：11，似銅刀，為長形薄片。長殘 6.6、殘寬 3.7、厚 0.27 釐米」〔註31〕。

第二，出現了不同級別的只為本集團普通成員服務的手工作坊。

枯柏樹，位於城外西部，「曾採集不計其數的彩繪紡輪」〔註32〕。由於當地的紡輪數量巨大，還由於這類紡輪也先後見於城內的譚家嶺〔註33〕，鄧家灣〔註34〕，以及城外肖家屋脊等遺址的普通聚落成員活動區〔註35〕，從而意味著枯柏樹遺址可能存在一個專門為整個集團生產普通彩陶紡輪的作坊。

肖家屋脊，位於城的東南，除了可能有冶銅作坊以外，還發現了二座陶窯〔註36〕。由於這二座陶窯並排位於生活遺跡最密集的區域，規模不大，估計它的性質就屬於聚落一級的作坊設施，只專門為同聚落的族人燒製普通陶器。

應該指出的是，石家河的發現為史前晚期手工業特點的研究提供了許多重要的啟發。

〔註28〕 湖北省文物考古研究所等：《湖北石家河羅家柏嶺新石器時代遺址》，北京：《考古學報》，1994 年，第 2 期。

〔註29〕 湖北省文物考古研究所等：《湖北石家河羅家柏嶺新石器時代遺址》，北京：《考古學報》，1994 年，第 2 期。

〔註30〕 湖北省荊州博物館等：《肖家屋脊》，北京：文物出版社，1999 年，第 236 頁。

〔註31〕 湖北省文物考古研究所等：《鄧家灣》，北京：文物出版社，2003 年，第 243 頁。

〔註32〕 何介鈞：《長江中游新石器時代文化》，武漢：湖北教育出版社，2004 年，第 370 頁。

〔註33〕 湖北省荊州博物館等：《譚家嶺》，北京：文物出版社，2011 年，第 189 頁。

〔註34〕 湖北省文物考古研究所等：《鄧家灣》，北京：文物出版社，2003 年，第 229 頁。

〔註35〕 湖北省荊州博物館等：《肖家屋脊》，北京：文物出版社，1999 年，第 214 頁。

〔註36〕 湖北省荊州博物館等：《肖家屋脊》，北京：文物出版社，1999 年，第 128 頁。

第一，在血緣社會的基礎上，所有的手工業都有一定的服務範圍，這個範圍的大小就是由聚落的組織屬性決定的。就像石家河一樣，由於其組織屬性是聚落集團，所以它的社會分工就是集團內部的分工，根本就不存在又跨血緣又跨地域全社會無邊界的分工。

第二，由於服務的範圍擴大了，服務對象的社會層級也多了，所以就相應地推動了製作的規模化、專業化與分工化。但是，所有這些變化皆與商品經濟無關。

第三，聚落組織內部之所以能夠實現手工業的社會分工，關鍵就在於聚落組織本身具有利益一體化的條件和基礎。這種組織不僅是一種血緣組織，還是一種政治組織；組織有權統一管理整個群體的生產與消費。

第四，所有的分工都實行各盡所能的基本原則，在群體內誰有能力生產就交給誰生產，而不像專家們經常認為的那樣，將銅器、玉器等貴重物品都置於城內，都置於「貴族」的控制之下，或讓其成為「王室直接控制的手工業」。肖家屋脊、羅家柏嶺所見銅器、玉器的生產遺跡就說明即使是貴重物品也可以由城外的聚落成員生產。

顯然，史前晚期手工業的發展與當時社會的分層、權利的集中、經濟的再分配問題都是緊密聯繫在一起的問題，也是同一個過程不同方面的問題。但是，所有的這些問題都首先發生在血緣組織的內部，都與地緣化的「酋邦」毫無關係。

（四）中國的國家起源自身特點明顯

2009 年 11 月 4～5 日，中國社會科學院世界歷史研究所主辦的「古代國家的起源與早期發展國際學術探討會」在北京召開。其中，關於國家起源中的「早期國家」問題也是一個與酋邦理論聯繫密切的討論熱點。

會後，有關的《綜述》〔註37〕分析認為，自 20 世紀六七十年代以來，關於早期國家的理論與酋邦理論一樣，也已成為當今世界範圍內文明與國家起源研究最重要的理論學說。

早期國家與成熟國家相比往往具有一些不同的特點，但長期以來，人們並未注意到它們的區別，並以一般國家固有的特點作為衡量國家產生的標誌。

〔註37〕胡玉娟：《全球視野下跨學科的文明與國家起源研究——「古代國家的起源與早期發展國際學術研討會」綜述》，北京：《世界歷史》，2010 年，第 3 期。

為此，從 20 世紀 70 年代開始，荷蘭亨利‧克賴森（Henri J.M.Clae-ssen）和 P.斯卡爾尼克（P.Skalnik）就在塞維斯歷史分期的基礎上，將國家分解為早期國家（earlystate）與成熟國家（maturestate）兩個階段。

此後，俄羅斯學者格里寧（Leonid E. Grinin）和克羅塔耶夫（Andrey V. Korotayev）又在早期國家與成熟國家之間插入了所謂的「成形國家」（developedstate）。此外，他們還以國家複雜化進程的認識為基礎，一方面將早期國家、成形國家、成熟國家轉稱為簡單國家（simplestate）、複雜國家（complexedstate）、超複雜國家（super-complexedstate）；另一方面，他們又對「早期國家」的概念做了補充，提出除「早期國家」之外，還存在著一些「類早期國家」形態的政治組織體，這類政治組織體並不必然地朝國家階段演進。

顯然，以上的學說表明關於「早期國家」的探討與學說確實已經成為了國際上文明與國家起源研究方面的熱點，且有關的成果接連不斷。但是，這些成果也同時反映了這方面問題的複雜性，並提示中國的學者千萬不要簡單地皈依和緊隨其後，而應藉此大勢更多地思考一樣中國的本土特點。人類的歷史沒有國界，中國的也是世界的，中國的歷史就是人類歷史的組成部分。

1985 年 10 月，蘇秉琦先生在遼寧的一次關於《遼西古文化古城古國》的講話中，第一次提出了通過古文化、古城、古國研究中國文明與國家起源的想法；1991 年，在《迎接中國考古學的新世紀》的談話中，又進一步提出了「古國、方國、帝國」是中國國家起源與形態發展三部曲的看法〔註38〕。

實踐證明，蘇先生的這些重要談話與思想為中國國家的起源研究指明了方向和道路。

值得注意的是，中國的考古與聚落群聚形態的研究也表明，中國的國家起源之路既有與世界其他地區的相似性，也有自己獨立的特點。

其中都有「早期國家」這是相似的，但關於什麼是「早期國家」？「早期國家」的認識標準卻大相徑庭。

據陳淳先生的介紹：「早期國家既不同于氏族社會，也不同於後繼的奴隸制國家」，早期國家「已處於等級制度成型的階層社會，集權型的政府系統出現，經濟發展表現為手工業專門化、外向型的市場和貿易出現，財富集中由

〔註38〕俞偉超：《本世紀中國考古學的一個里程碑》，《中國文明起源新探》（蘇秉琦），
　　　　北京：生活‧讀書‧新知三聯書店，1999 年，第 8 頁。

統治者進行再分配」；中國長江下游良渚文化的「遺址遺存大致相當於複雜或發達的酋邦演化水平上」；至於「殷墟甲骨文和史籍中有許多關於古代國族或異性方國的記載，這種國族或方國很可能就是各種酋邦」，「夏商周這樣的早期國家就是在這類方國的衝突和融合基礎上形成的」〔註39〕。

在這裡，陳先生希望中國的歷史與國際最新研究成果接軌的心思是可以理解的。但是，有關中國歷史的認識卻讓人不好理解。

第一，中國就沒有「酋邦」，各種歷史文獻中也沒有「酋邦」的影子。

第二，中國在距今約4500年前，就出現了跨血緣，或跨血緣又跨地域的早期國家，還有通過武力在各聚落組織之間建立了統治與被統治關係的古國。這說明中國在史前血緣社會與國家地緣社會之間，曾存在一個過渡階段，在這個階段，純血緣組織、跨血緣的組織和地緣化的組織同時共存，並顯示了過渡的複雜性和多樣性特點，而不是在國家出現之前存在一個單獨的已經地緣化但又還未進入國家的過渡階段。

第三，既然中國「殷墟甲骨文和史籍中有許多關於古代國族或異性方國的記載」，那為什麼就不肯承認它們是「國」，而非要將它們都降一級，削足適履，而向歐美的「酋邦」看齊呢？匪夷所思。

第四，夏商周明顯就是在諸多小型的古國基礎上建立的早期方國。

夏商周時期，國體都是地緣化的，而政體則是血緣化的。這說明在中國由血緣社會轉變為地緣社會經歷了一個較長的時間較複雜的過程；說明在中國在血緣與地緣社會之間，就不存在一個單獨的地緣化的過渡階段。至於將夏商周都視為「早期國家」，也根本不符合事實。一是因為在夏商周之前，中國就已經出現了以血緣組織為單位構成的「早期國家」與「古國」二種形態；二是因為夏商周本身就是「早期國家」、「古國」之間相互征戰的結果，是比他們更高級別以民族為組織主體的國家形態；三是即使將他們都歸屬於「早期國家」，也與陳淳先生概括的國體政體都已地緣化的西方「早期國家」不同。

顯然，根據中國的考古與文獻資料，從史前血緣社會到國家地緣社會之間的過渡階段，是文明而不是酋邦。理順中國國家起源的過程與特點，是中國學者應盡的責任與義務。實際上，也只有在這種前提下去參與國際學術交

〔註39〕陳淳：《考古學的理論與研究》，上海：學林出版社，2003年，第610、617、619頁。

流，而不是趨炎附勢，抹平本民族的歷史，將本土的地域性和特點都丟掉，才會真正推動國際學術的進步。

結束語

事實表明，目前的「酋邦理論」雖然已經成為了世界範圍內文明與國家起源研究的重要理論，反映國際學術界對某些歷史研究的薄弱環節給予了較以往更多的重視，這是一種積極的學術動態和探討。但是，與此同時，酋邦理論也暴露了許多不成熟不科學的地方。

根據本文的研究，主要有三個方面。

1. 整個理論的系統性還很不完整，還有許多缺環。

之所以在塞維斯之後，酋邦理論被多次補充和修正，並提出了許多新的酋邦模式，就是這種理論不完整不系統的突出表現。

2. 該理論的研究方法有二個重要的缺陷。

第一，就是在大量利用現代民族學與人類學資料的同時，忽略了將這種資料中可能存在的歷史疊壓現象剝離開來，從而使酋邦的複雜化現象更加複雜了。

第二，就是完全不考慮世界各地考古學發現的啟發，將現代民族學人類學資料絕對化了，因而就不免王震中先生所說的「將橫向的現存原始民族的諸形態排列為縱向的古代社會發展諸階段」的嫌疑。

3. 與中國歷史嚴重不符。

由於酋邦理論只關注現代的民族學人類學資料，而忽視了世界各地的考古發現與古代的文獻資料，所以到現在為止，只很好地提出了一個問題，即從史前社會到國家出現之間的過渡形態問題，而沒有很好地解決問題。因而，酋邦理論與中國歷史嚴重不符的現象非常突出。儘管也有一些中國學者不遺餘力的將中國歷史往酋邦方面靠，但他們的努力並沒有得到國際學術界的認可。這種現象從另一個側面又說明，一方面中國學者的研究還很不深入，對現代酋邦理論的完整化系統化沒有任何創新性的意義；另一方面也可能意味著中國就沒有典型的酋邦。

事實上，中國擁有任何一個國家至今都沒有的考古資源與規模，也擁有其他國家至今都沒有的豐富的古代文獻資料；此外，中國還擁有蘇秉琦等老一代考古學家為考古學世界範圍中國學派的鼎立奠定的基礎。因此，中國應

該在文明與國家起源的國際學術舞臺上走出一條自己的路，應該在文明與國家起源的國際學術舞臺上擁有更多更重的發言權。

發表於 2016 年《湖南省文物考古研究所建所三十週年紀念文集》，2021年 8 月改寫

一定要「維護文物資源的歷史真實性」

2021 年 11 月 24 日，中共中央全面深化改革委員會第二十二次會議審議通過了《關於讓文物活起來、擴大中華文化國際影響力的實施意見》，其中歷史性地提出了要「維護文物資源的歷史真實性」的問題。

然而，為什麼要在這個時候提出「維護文物資源的歷史真實性」問題呢？恐怕不僅僅因為「維護文物資源的歷史真實性」已成為了「擴大中華文化國際影響力」的基礎，而是另有發人深省的原因！

早在 1934 年的《修理故宮景山萬壽亭計劃》〔註1〕一文中，梁思成等先生就指出「修理古物之原則……均宜仍舊，不事更新。其新補梁、柱、椽、檁、雀替、門窗、天花板等，所繪彩畫，俱應仿古，使其與舊有者一致。」這說明從那時起，在文物與古蹟的修復中就已經開始擁有了「整舊如舊」的思想了，並一直沿用至今；同時也說明今天要「維護文物資源的歷史真實性」的內涵已遠遠超出了文物與古蹟以外表為主的維修範圍，說明當代的「文物資源」存在刻不容緩的需要「維護……歷史真實性」的問題。

一般而言，「文物資源的歷史真實性」不僅包括外表的形態、顏色、紋飾等內容，而且還包括關於內在歷史意義的復原和認識。

根據實情與現狀，近幾十年來在大量精彩不斷的考古新發現的掩護下，中國考古學並沒有認真履行「維護文物資源的歷史真實性」的責任和義務，沒有認真復原歷史研究歷史；反而隨意拔高了一批「文物資源」原本的歷史意義，製造了一批世界第一、中國第一、長江流域第一、黃河流域第一的「文

〔註 1〕梁思成等：《修理故宮景山萬壽亭計劃》，營造學社彙刊四卷，1934 年。

物資源」，並嚴重損害了它們的「歷史真實性」。

為此，中國考古學必須回到「維護文物資源的歷史真實性」的正軌上來，並同步注意和解決以下六個與忽視「維護文物資源的歷史真實性」密切相關的問題。

一、要端正考古學的目的

隨著國家改革開放的推進，新時期「一帶一路」的不斷延伸；又隨著全球人類命運共同體建設和擴大中華文化國際影響力的需要，考古學的學科性質和目的已發生了顛覆性的變化。以往的考古學只是社會科學中的一個冷僻分支，也是大歷史學中的一個冷僻分支，考古學的目的單純只是用實物資料來復原歷史研究歷史。但是，現代考古學與以往完全不同了，最明顯的變化就是得到了社會的空前重視並增添了許多新的社會功能，其中包括宣傳、弘揚和保護優秀的歷史文化遺產，增強人民的民族自豪感，並為地方文化事業和旅遊提供服務。於是，考古學的社會地位得以迅速提高。此外，考古發現還明顯與地方政府的政績掛鉤了，與項目和經費掛鉤了，與考古工作者個人的名利掛鉤了，考古專業也由以前的冷僻專業變成了公共的熱門專業，變成了電視明星專業。對此，考古人歡欣鼓舞，熱血沸騰，專業自豪感大漲；結果，帶出二個不同以往的變化。

第一，急功近利，發現與研究的地位倒轉。

以前考古發現主要是為研究服務，為研究提供資料和證據；但今天，由於急功近利，研究的地位下降了，研究開始為發現服務，為提升新發現的性質和歷史意義服務。於是，一批世界第一、中國第一、長江流域第一、黃河流域第一的新發現很快就在各地出現了。其中，「河洛古國」與浙江上山文化世界上最早的「稻作文化」與「彩陶文化」的誕生就是這方面的典型案例〔註2〕。

第二，默默無聞的研究被徹底懈怠了。

〔註2〕沈愛群：《著名考古學家嚴文明：擁有2項「世界第一」的「上山文化」有資格申遺》，杭州：浙江新聞客戶端，2020年11月12日，https://zj.zjol.com.cn/news/1561247.html；王丁等：《「河洛古國」掀起蓋頭，黃帝時代的都邑找到了？》，北京：《新華每日電訊》，2020年5月8日；裴安平：《質疑浙江上山文化最早年代的認識與認識方法》，www.peianping.com/新文稿；裴安平：《上山文化根本不是世界上最早的稻作和彩陶文化》，www.peianping.com/新文稿；裴安平：《「河洛古國」是真的嗎？》，www.peianping.com/新文稿。

　　有一個考古人 2001 年就發現了一個新考古學文化，但此後 20 年卻從未在科學刊物上正式發表過一篇用器物類型學專門論述這個文化相對年代問題的論文；即使 2016 年在發掘報告中關於該文化年代的簡要論述，也完全不顧事實編造了許多假的證據〔註3〕。然而，在專家和學者們的共同抬舉下他卻弄假成真了，還成了省文化系統的「模範人物」〔註4〕。這說明只重田野發現而懈怠室內研究已成學界的普遍現象，即使專家和學者也不研究了。

　　顯然，以上現象不僅反映考古學的目的已發生重大變化，還說明考古學的基礎研究也日趨輕浮和衰落。因此，要「維護文物資源的歷史真實性」首先就必須端正考古學的目的。

二、考古學文化的「歷史真實性」就是從未創造歷史

　　2010 年，在《中華文明探源工程的主要收穫》一文中，王巍、趙輝二位先生共同認為「中華文明的形成是在一個相當遼闊的空間內的若干考古學文化共同演進的結果。……各文化的區域特色各文化的區域特色還暗示了在走向文明的進程中各自的方式、機制、動因等也可能不盡相同」〔註5〕。

　　在這裡「考古學文化」已變成了一種人類的社會組織，一種歷史的實體與載體；不同的「考古學文化」甚至還可以帶領自己的屬民一起來搞文明和國家起源？！不同地區考古學文化的「區域特色還暗示了在走向文明的進程中各自的方式、機制、動因等也可能不盡相同」。

　　然而，以上認識明顯誇大了考古學文化的歷史作用和地位。

　　第一，考古學文化只是一定的時間與空間範圍內，由一群有特色的遺跡遺物構成的共同體，其本質是物質文化遺存。

　　第二，考古學文化與史前社會人類的血緣組織完全是不同的概念。一方面，考古學文化分布地域廣闊，而血緣組織分布地域狹小；另一方面，考古學文化全是遺跡遺物，而人類組織全是人；再一方面，人類組織的基礎以血

〔註3〕浙江省文物考古研究所等：《浦江上山》，北京：文物出版社，2016 年，第 272 頁。

〔註4〕鄭維維：《蔣樂平：半生耕耘「新石器時代文化」尋守浙江史前文明》，杭州網／熱點專題／2019 文化和自然遺產日／最美文物守望者，2019 年 12 月 9 日；駱依婷：《蔣樂平：「上山考古」第一人》，浙江：《諸暨日報》，2021 年 5 月 11 日。

〔註5〕王巍、趙輝：《中華文明探源工程的主要收穫》，北京：《光明日報》，2010 年 2 月 23 日，第 12 版。

緣為紐帶，而考古學文化則以地緣為紐帶。

第三，考古學文化完全是人類所有歷史活動的遺留物，雖然某種程度上也反映了人類的歷史和變遷，並為歷史研究提供了時空框架，但這一切都只涉及人類歷史的表面現象，根本沒有觸及到人類歷史最核心最根本的內容，即社會的組織方式、特點、性質與變遷。

事實上，創造歷史的是人，是人類組織，完全與考古學文化無關。

「考古學文化」實際只是物質文化及其歷史的載體與研究單位和平臺，既不是人類的組織，也不是歷史的載體和研究平臺，更不會自主創造歷史；考古學對歷史的研究，對「文物資源的歷史真實性」的理解和研究，不能只「見物不見人」，不能僅僅只停留在物質文化的層面上，而是要研究隱藏在物質遺存物質文化背後人的組織、活動與歷史。

三、碳十四測年數據不是「維護文物資源的歷史真實性」的根據

現代田野考古學之所以成為科學就因為它擁有考古地層學與器物類型學二大方法論基礎和支柱。因此，無論任何時候它們都是確定遺跡遺物以及考古學文化相對年代，「維護文物資源的歷史真實性」的主要依據。至於碳十四測年法，作為一種自然科學方法在考古領域中運用，它有一個不斷發展完善的過程，不同時期的測試結果也會與時俱進，從而使絕對年代的測試與研究又充滿了相對的意義。正因此，碳十四測年數據只能作為考古學遺跡遺物和考古學文化絕對年代認識的一種參考，絕對不能作為考古遺跡遺物和考古學文化相對年代認識的依據，更不能成為「維護文物資源的歷史真實性」的依據。

然而，值得注意的是近 20 多年來碳十四測年法在考古中的地位開始飆升。

第一，碳十四測年法已開始為古文明定「座標」〔註6〕。

這是一種歷史性的變化，一方面它說明碳十四測年法越來越進步，也越來越受到考古研究人員的重視；另一方面它也說明傳統類型學在遺跡遺物和考古學文化年代與早晚關係研究中的地位明顯下降了。然而，這並不是一件好事，因為類型學的研究是考古學的基礎研究，只有基礎夯實了，才有考古學的科學性。否則，考古學的科學性將不復存在。今天，之所以會出現用碳

〔註6〕李禾：《碳十四等測年法為古文明定「座標」》，北京：《科技日報》，2013 年 1 月 5 日，第 3 版。

十四測年數據取代類型學研究的趨勢，正是考古學基礎研究日趨輕浮、衰退的標誌。浙江上山文化之所以在陶器明顯晚於湖南彭頭山文化〔註7〕的基礎上還被認定為世界上最早的稻作和彩陶文化，最關鍵的問題就是忽視了最基本的類型學的研究而偏執了碳十四的年代數據。發掘者之所以近20年來一篇認真進行該文化有關類型學問題研究的論文都沒有，就是在等待並向碳十四測年數據靠攏。

第二，碳十四數據有越測越早的趨勢。

在這方面，北京大學文博學院的碳十四實驗室表現得比較明顯。

例證一：湖南皂市下層文化與浙江跨湖橋文化。

就器物類型學的研究而言，這二個文化「有許多驚人相似之處」〔註8〕，更多的顯示可能同時，因為皂市下層文化對長江下游和淮河中下游地區都有明顯的影響。然而，恰好相反，北大的碳十四測年數據跨湖橋文化比皂市文化整整早了一千多年。其中，21世紀測的跨湖橋文化第一期最早距今8200～7800年〔註9〕，而20世紀測的皂市下層文化最早距今7200～6920年〔註10〕。

例證二：湖南皂市下層文化與江蘇順山集文化。

就器物類型學的研究而言，這二個文化也有許多相似之處，充分顯示可能同時。然而，恰好相反，21世紀北大測的碳十四測年數據順山集文化比皂市下層文化也整整早了一千多年，即順山集文化距今約8500～8000年〔註11〕。

例證三：湖南彭頭山文化與浙江上山文化。

就器物類型學的研究而言，彭頭山文化明顯年代偏早。然而，恰好相反，北大21世紀測的碳十四測年數據上山文化又比20世紀彭頭山文化整整早了一千多年。其中，彭頭山文化距今約8385～7210，不僅晚於上山文化，而且上山文化最早第一期的上限還超過了距今1萬年〔註12〕。

〔註7〕裴安平：《質疑浙江上山文化最早年代的認識與認識方法》，www.peianping.com/新文稿；裴安平：《上山文化根本不是世界上最早的稻作和彩陶文化》，www.peianping.com/新文稿。

〔註8〕焦天龍：《論跨湖橋文化的來源》，《浙江省考古研究所學刊》第八輯，北京：科學出版社，2006年。

〔註9〕浙江省文物考古研究所等：《跨湖橋》，北京：文物出版社，2004年。

〔註10〕湖南省文物考古研究所：《湖南臨澧縣胡家屋場新石器時代遺址》，北京：《考古學報》，1993年，第2期。

〔註11〕南京博物院等《順山集》，北京：科學出版社，2016年。

〔註12〕蔣樂平：《綜述》，《上山文化：發現與記述》，北京：文物出版社2016年。

例證四：湖北宜都城背溪與浙江義烏橋頭遺址。

就器物類型學的研究而言，城背溪南區 T6、T7③層明顯早於浙江義烏橋頭遺址。但是，20 世紀城背溪 T6③獸骨測年僅為 6800±80 年，達曼表校正為 7420±110 年；而 21 世紀橋頭遺址中期 T1③層測年為 7985±50、8090±45，校正距今 9000 多年〔註 13〕，整整早了 1500 多年。

為什麼會出現上述現象呢？根據專家的論述，這主要是由於科學技術的進步發展引起的，而且還顯示隨著這種進步有關年代數據也會越來越早越來越準確可靠。然而，這種進步實際一點也不科學。一方面，它並沒有提供一張必要的校正表，並通過它顯示以往技術不太先進時所測數據與現代先進技術所測數據之間的校正與對應關係；另一方面，眼見現代先進技術所測數據越來越早的時候，無動於衷，從來不提醒人們要適當校正，從而直接拔苗助長了輕視基礎研究而只重測年數據的不良學風，不僅年代越測越早，還越來越人性化，為借碳十四數據抬高出土遺跡遺物的歷史價值提供了貌似科學的證據和支持。

正因此，現代碳十四測年數據不是在為「維護文物資源的歷史真實性」補臺，而是在拆臺。不能再繼續了。

四、要堅決抵制歐美的不良理論

20 世紀 50 年代以前，以澳裔英籍考古學家戈登・柴爾德（Childe, Vere Gordon）為代表，顯示那時歐美曾流行過「馬克思主義考古學」〔註 14〕。但二次世界大戰以後，為了與馬克思主義關於早期人類歷史發展規律和特點的理論劃清界限，西方歐美的人類學、考古學紛紛走上了與馬克思主義背道而馳的道路，並啟用了現代地緣社會學的概念與思想來認識和詮釋史前血緣社會，從而催生了「四大」架空和虛化史前社會原貌的「先進」理論。第一種就是將舊石器時代遺址之間的關係都視為「功能分區」〔註 15〕，第二種就是將

〔註 13〕 林森等：《浙江義烏橋頭遺址發現距今 9000 年左右上山文化環壕——臺地聚落》，https://new.qq.com/omn/20190812/20190812A0R7TN00.html

〔註 14〕 〔加〕布魯斯・G.特里格著，何傳坤／陳淳譯：《柴爾德：考古學的革命》，北京：中國人民大學出版社，2020 年。

〔註 15〕 〔英〕Leakey，M.D.1971. Olduwai Gorge: excavations in Beds 1 and 2. 1961-1963. Cambridge: Cambridge University Press；王幼平：《中國遠古人類文化的源流》，北京：科學出版社，2005 年，第 33、43 頁。

新石器時代的聚落關係都視為「區域聚落形態」〔註 16〕，第三種就是將「酋邦」視為血緣到地緣社會之間的過渡階段〔註 17〕，第四種就是將史前有「四級聚落」的地區都視為有國家存在〔註 18〕。

關於舊石器時代遺址的「功能分區」，中國考古表明人類社會各種生產生活設施以遺址為單位獨立「功能分區」是很晚才出現的一種歷史現象。一方面，所有史前早中期人類居住遺址內部的各種生產生活功能區，如居住區、手工作坊區、墓葬區等，都是一個整體的組成部分，從未分開成為一個個獨立的遺址；另一方面，那種以遺址為單位獨立的「功能分區」，全部都是史前晚期社會一體化文明化的結果，浙江餘杭瑤山祭壇、塘山玉器作坊遺址即是〔註 19〕。

關於「區域聚落形態」，中國考古表明在國家出現之前，整個史前社會都是血緣社會，到處都是小型的血緣組織，所以根本就不存在地緣化的「區域聚落形態」和「社區」、「社群」。

關於「酋邦」，中國考古表明一方面在「酋邦」之前中國就根本沒有出現過以孤獨的「遊群」為主要社會組織的時代，另一方面史前晚期中國也根本沒有出現過以地緣化「酋邦」為代表的過渡到國家社會的歷史階段〔註 20〕，再一方面中國的甲骨文、金文與其他出土文獻至今也沒有發現任何關於「酋邦」的記載。

關於史前「四級聚落」即國家的理論，王震中先生就曾指出：「一是劃分和衡量史前聚落等級的標準受研究者主觀因素的影響，因而所劃分出的等級是相對的；二是所謂國家的產生是由四級聚落等級組成和其上有三級決策等級來表示的說法，過於絕對化和教條化，似與中國上古時期即虞、夏、商、周時代的實際情況不符；三是作為區分酋邦與國家的衡量標準，問題的實質並不在於某個聚落群中聚落等級究竟是由三級還是四級構成……」〔註 21〕。

〔註 16〕〔美〕史蒂芬·科瓦勒斯基著，沈辛成譯，陳淳校：《區域聚落形態研究》，南昌：《南方文物》2009 年第 4 期。
〔註 17〕陳淳：《酋邦的演化》，南昌：《南方文物》，2007 年，第 4 期。
〔註 18〕〔美〕史蒂芬·科瓦勒斯基著，沈辛成譯，陳淳校：《區域聚落形態研究》，南昌：《南方文物》2009 年第 4 期。
〔註 19〕浙江省文物考古研究所：《良渚遺址群》，北京：文物出版社，2005 年。
〔註 20〕裴安平：《中國考古與酋邦》，《湖南省文物考古研究所建所三十週年紀念文集》，北京：科學出版社 2016 年。
〔註 21〕王震中：《國家形成的標誌之管見——兼與「四級聚落等級的國家論」商榷》，北京：《歷史研究》2010 年，第 6 期。

　　值得注意的是，以上理論都被中國考古學無遮無攔地引進了。

　　其中，王巍先生「出於為中心聚落中的顯貴們服務的需要……衛星聚落一般都位於中心聚落的周圍……理所當然地成為我們研究中國古代文明起源的重點」〔註22〕的觀點就是「區域聚落形態」中國本土化的結果。此外，嚴文明先生也曾說良渚文化是「酋邦」〔註23〕，李伯謙先生也說屈家嶺文化是「酋邦」〔註24〕。

　　然而，以上歐美的「四大」理論都是不良理論，一是與中國的考古實際完全不符，一點「文物資源的歷史真實性」都沒有；二是不會在中國有助於史前社會的復原與研究；三是也無助於馬克思主義的繼承與發展。

　　值得注意的是，目前中國的考古已經走出了國門，並成了「一帶一路」的文化先行者。然而，那些「先行者」許多在思想理論方面都攜帶著歐美的不良理論；如此，必將出現中國出資替歐美推廣不良理論的尷尬局面。

　　正因此，「維護文物資源的歷史真實性」不僅具有中國意義，還具有國際意義；而且要在中國和「一帶一路」上的世界各國都「維護文物資源的歷史真實性」，就必須在國內從上到下都堅決抵制歐美的不良理論。

五、要繼承和發展馬克思主義

　　恩格斯《家庭、私有制和國家的起源》之所以出現在摩爾根《古代社會》之後，其中一個重要原因就因為「摩爾根是第一個具有專門知識而嘗試給人類的史前史建立一個確定的系統的人」〔註25〕。此外，恩格斯的這句話也說明歷史唯物主義關於社會發展理論的建立是基於「文物資源的歷史真實性」的基礎。

　　20世紀90年代，隨著世界範圍內考古學中國學派的崛起〔註26〕，繼承和發展馬克思主義成為了中國考古學最基本的重要特徵之一。與此同時，蘇秉琦先生所倡導的「重建中國史前史」〔註27〕，也為中國考古學在「維護文物

〔註22〕王巍：《聚落形態研究與中華文明探源》，北京：《文物》，2006年，第5期。

〔註23〕嚴文明：《農業發生與文明起源》，北京：科學出版社，2000年，第105頁。

〔註24〕李伯謙：《考古學視野的三皇五帝時代》，《新田文化與和諧思想論文集》，太原：山西人民出版社，2008年，第26頁。

〔註25〕〔德〕恩格斯：《家庭、私有制和國家的起源》，《馬克思恩格斯選集》第四卷，北京：人民出版社，1974年。

〔註26〕趙賓福：《蘇秉琦與中國考古學派》，《中國歷史文物》2010年第1期。

〔註27〕蘇秉琦：《關於重建中國史前史的思考》，北京：《考古》，1991年，第12期。

資源的歷史真實性」的基礎上，繼承和發展馬克思主義開闢了前進的道路。

然而，今天的中國考古學，不僅將摩爾根置之度外，對馬克思主義也全面的實用化。

其一，只消極「繼承」不主動發展。

馬克思主義，特別是恩格斯《家庭、私有制和國家的起源》的寫作與出版，不僅年代早，1884 年，也就是近 140 年以前；而且當時無論歷史資料還是民族學資料都很少，尤其是關於中國的考古資料就完全等於零，因而對有關問題的研究和認識就不免階段性地域性成果的意義，並給今天的繼續發展留下了餘地。

與此同時，自 20 世紀 50 年代以來，中國的考古事業也得到了極大的發展，大量史前和古代遺址被發掘出來，不僅充分顯示了中國歷史鮮明的自身特點，還為人們解放思想，深入研究，自覺地繼承，特別是發展馬克思主義奠定了堅實的基礎。

但是，中國考古學對馬克思主義的態度主要是通過簡單地「貼標籤」和抄襲等方式消極的「繼承」，而從不談主動的發展。這除了本身的自覺性不夠以外，還因為主動發展將完全關閉了引進西方歐美「先進」理論和方法的大門。

其二，只選簡單有用的論述不選複雜不好用的概念。

關於「文明」概念的選擇就是典型一例。

關於「文明」的定義，馬克思主義的確有二種不同的表達。1844 年，在《英國現狀‧十八世紀》一文中，恩格斯指出：文明「是實踐的事情，是一種社會品質」〔註 28〕；1884 年，恩格斯在《家庭、私有制和國家的起源》一書中又指出：「國家就是文明社會的概括」〔註 29〕。

對此，中國考古學只選擇了後一種觀點，因為這種觀點有三個方便使用之處。一是便於改造本土化，可將國家與文明捆綁在一起；二是求證簡單，只要求證國家起源了就同時也證明文明也起源了，反之亦然；三是極大地縮短了求證的過程與時間。

其三，對大量中國考古發現置若罔聞，全力向西方歐美「先進」理論與

〔註 28〕恩格斯：《英國現狀‧十八世紀》，《馬克思恩格斯全集》第 1 卷，北京：人民出版社，1956 年，第 666 頁。

〔註 29〕恩格斯：《家庭、私有制和國家的起源》，《馬克思恩格斯選集》第 4 卷，北京：人民出版社，2012 年，第 176 頁。

方法靠攏。

事實表明，中國考古早就為論證文明「是一種社會品質」提供了大量的證據，並證明在距今8～5千年期間社會發生了大量前所未有的變化〔註30〕，文明不僅先於國家起源了，而且文明化的地域也比國家起源的地域要廣大很多。其中，最顯著的變化就是個人與個人、聚落與聚落、聚落群與群之間的等級和地位分化並出現了主從關係；有的人就有玉器，有的聚落就可以住在明顯有防禦功能的壕溝或城裏〔註31〕。

然而，為了維護西方歐美「先進」理論與方法的正確性，維護這些理論和方法的成果與馬克思主義的「聯繫」，中國考古學卻置大量本土考古發現於不顧，並全力向西方歐美「先進」理論與方法靠攏。

顯然，中國考古學近幾十年來之所以誤入歧途，最關鍵就在於沒有「維護文物資源的歷史真實性」，沒有繼承和發展馬克思主義的理念與思想。

因此，只有在「維護文物資源的歷史真實性」的基礎上，繼承和發展馬克思主義才是中國考古學的正道，才能真正建設有「中國特色、中國風格、中國氣派的考古學」〔註32〕。

六、聚落群聚形態的研究是「維護文物資源的歷史真實性」的必然選擇

「群聚」一直就是人類與生俱來的居住與生活方式。

根據前蘇聯澳大利亞和大洋洲各族人民的調查〔註33〕，中國詹承緒、嚴汝嫻、宋兆霖等雲南永寧納西族阿注婚姻和母系家庭的調查〔註34〕，韓軍學

〔註30〕蘇秉琦：《關於重建中國史前史的思考》，北京：《考古》，1991年，第12期；蘇秉琦：《文明發端玉龍故鄉——談查海遺址》，《蘇秉琦文集》，北京：文物出版社，2009年，第168頁；蘇秉琦：《中國文明起源新探》，北京：生活・讀書・新知三聯書店，2019年，第119頁。

〔註31〕裴安平：《中國的家庭、私有制、文明、國家和城市起源》，上海：上海古籍出版社，2019年，第345～352頁。

〔註32〕習近平：《建設中國特色中國風格中國氣派的考古學》，北京：《人民日報》，2020年9月30日，第1版。

〔註33〕C・A・托卡列夫等：《澳大利亞和大洋洲各族人民》，北京：生活・讀書・知新三聯書店，1980年。

〔註34〕詹承緒等：《永寧納西族的阿注婚姻和母系家庭》，上海：上海人民出版社，1980年；嚴汝嫻、宋兆麟：《永寧納西族的母系制》，昆明：雲南人民出版社，1983年。

先生雲南佤族的調查〔註35〕，童恩正關於非洲尼日利亞蒂夫人（Tiv）社會組織的簡介〔註36〕，尤其是美國路易斯‧亨利‧摩爾根（Lewis Henry Morgan）關於美洲印第安人的調查〔註37〕，充分證明在歷史時期人類以地緣為紐帶以民族為單位群聚以前，史前社會是一個血緣社會，並普遍存在以血緣為紐帶，以血緣組織為單位的群聚現象。

此外，中國考古還證明，地緣社會最小的群聚單位是村落，而血緣社會最小的群聚單位則是聚氏族而居的聚落。與此同時，中國考古還進一步證明，史前聚落的群聚形態不僅隨社會的發展而變化，而且還是史前歷史和社會變化的載體和平臺〔註38〕。

距今約 3 百萬～8 千年，舊石器時代與新石器時代中期中段。

由於地廣人稀，人類的食物全部都是自然食物，所以當時社會發展的矛盾主要是人與自然的矛盾。與此同時，人類居住地及其組織的群聚形態都以血緣為基礎，部落不僅是人類生產生活的實體組織，還是聚落群聚的組織單位。又由於地廣人稀，各聚落相互獨立平等，所以群體的分布比較稀疏。

距今約 8～6 千年，新石器中期晚段與晚期早段。

由於人口增加和農業的發生，社會發展的主要矛盾開始轉變為人與人、聚落與聚落之間的矛盾。與此同時，人類居住地及其組織的群聚形態也發生了前所未有的變化，實力開始成為血緣之上的新型組織紐帶。在實力的基礎上，聚落之間一方面出現了地位等級化，出現了主從關係，有實力的聚落成為了部落的核心；另一方面，聚落群及部落首先開始基於實力一體化，變各成員相互獨立平等為統一領導和管理。與此同時，部落內的核心聚落開始出現在有防禦功能的壕溝和濠溝以內，出現了為高等級人士服務的特殊手工業和為大眾服務的普通手工業的分工。

距今約 6.5～5 千年，新石器晚期中段。

隨著社會矛盾的進一步激化，聚落群的一體化再次升級，部落內的核心聚落由環壕（濠）聚落升級為城址〔註39〕。

〔註35〕韓軍學：《佤族村寨與佤族傳統文化》，成都：四川大學出版社，2007 年，第 35～37 頁。

〔註36〕童恩正：《文化人類學》，上海：上海人民出版社，1989 年，第 221 頁。

〔註37〕摩爾根：《古代社會》，北京：商務印書館，1997 年。

〔註38〕裴安平：《中國史前聚落群聚形態研究》，北京：中華書局，2014 年。

〔註39〕湖南省文物考古研究所：《澧縣城頭山》，北京：文物出版社，2007 年。

距今約 5～4.5 千年，新石器晚期晚段。

為了應對日趨激化的社會矛盾，聚落組織在一體化的基礎上開始大型化和分布緊湊化，出現了抱團相聚的新式的一體化聚落群團，以往關係鬆散的臨時性部落聯盟開始成為永久性部落聯盟，有實力的聚落群開始成為永久性部落聯盟的核心聚落群〔註40〕。與此同時，群團內普通聚落群的獨立與平等地位消失殆盡，以往的純血緣組織整合成為了跨部落的集中統一領導和管理的政治組織；出現了貴族，出現了禮器，出現了腦力勞動與體力勞動的分工，出現了農業與手工業的分工，出現了大城套小城的城址樣式。

距今 4.5～4 千年，新石器晚期末段。

由於社會矛盾進入到不可調和的階段，所以社會同時崛起了聚落集團、早期國家、古國等新型一體化超大型聚落組織，有實力的一體化聚落群團開始成為這些組織的核心〔註41〕，整個社會也開始由血緣向地緣過渡。與此同時，還新出現了整個聚落群團或聚落集團集體居住的大型城址。

顯然，回眸中國的史前史不難發現，聚落的群聚形態無論怎麼變化都並非置身於歷史之外的怪物，而是與歷史發展息息相關的產物，充滿著「歷史真實性」。然而，長期以來，中國考古學界就跟隨歐美考古學，一方面認為聚落的分布就是一盤散沙，而另一方面又認為存在「區域聚落形態」，有「中心聚落」和「衛星聚落」。但是，中國考古早已表明歐美的理論是錯誤的，因為自有人類以來就有基於血緣的氏族社會，就有基於血緣的聚落群聚形態，聚落群聚形態本質上就是血緣社會血緣組織形態的物化結果和反映。

因此，要「維護文物資源的歷史真實性」就必需維護「聚落群聚形態」及其歷史意義，而維護「聚落群聚形態」及其歷史意義實際又是「維護文物資源的歷史真實性」的必然選擇。

結束語

今天，中國考古學的發展已經處在一個歷史的轉折點上，要麼繼續融入歐美的認識與理論體系，並用地緣社會學的思想和觀念繼續浮誇和炫耀史前社會遺跡遺物的歷史特點與性質，繼續製造更多假的「世界第一」、「中國第

〔註40〕湖北省文物考古研究所：《湖北京山屈家嶺遺址群 2007 年調查報告》，武漢：《江漢考古》，2008 年，第 2 期。

〔註41〕湖北省文物考古研究所：《大洪山南麓史前聚落調查》，武漢：《江漢考古》，2009 年，第 1 期。

一」、「長江流域第一」、「黃河流域第一」；要麼深刻領會，並以聚落群聚形態的研究為突破口，實事求是地「維護文物資源的歷史真實性」，重建中國史前史，重建中國的血緣社會史。

事實上，基於中國考古的已有發現與資料，「維護文物資源的歷史真實性」並不是一項特別困難的工作，關鍵在於現代考古人的追求與思想意識。

值得期待的是，新的時代正在呼喚「維護文物資源的歷史真實性」，也正在呼喚中國特色中國風格中國氣派的考古學。

希望「維護文物資源的歷史真實性」能成為中國考古學重回正軌的開端。

寫於 2021 年 11 月

後　語

　　當年在北大讀研快要畢業的時候，導師俞偉超先生為了鼓勵我們努力奮鬥曾語重心長地說過一句話：「世界是公平的」。對此，我一直銘記在心。尤其是在我遭到學界的封殺、打壓、排斥、醜化時候所發生的事與人更令我相信「世界是公平的」。

　　第一件事與人，是「國家社會科學基金」及其專家組。2013 年 8 月，是我的《中國史前聚落群聚形態研究》課題結項的時候。當時我接到了一個通知，告訴我課題「不合格」。對這樣的結果，我完全懵了。雖然我明白這是有人在不懂裝懂，在打壓我，但我束手無策，惶惶不可終日。然而，過了國慶節不久，我又接到了國家社科基金辦的新通知，我的專著已經被收入國家哲學社會科學成果文庫，前面的通知作廢。對此，我非常高興，大有起死回生苦盡甘來的感覺。此後，我還先後獲得過國家社科基金後期資助項目一項，成果外譯英語項目二項。對此，我一直在想，為什麼在被學界打壓和排斥最嚴重的時候，我會得到國家社科基金反其道的如此厚待呢？雖然至今我都不知道當年成果文庫、後期資助、外譯項目的國家評審專家有誰，但我心中明白這就是「世界」派來的隱姓埋名的「公平」的專家和使者。

　　第二件事與人，就是現南師大文博系負責人王志高老師。我與王老師雖然可稱北大的校友，但在他到南師大之前，我們之間由於年齡、專業、地域不同並沒有任何來往和聯繫。王老師到南師大之後，不僅使文博系生機勃發，而且充分顯示了北大人「兼容並蓄」、「海納百川，有容乃大」的品質。近幾年，我雖已退休，也是受到學界封殺、打壓、排斥、醜化最嚴重的時段，但王老師並沒有見風使舵，攀龍附鳳，而是隔三差五地派學生來作採訪，請我做

學術報告，在系裏主辦的刊物上發表我的文章。尤其是，當他聽說近年我20多萬字的論文都被退回來以後，他毅然決定資助我出版。我深受感動，也感慨萬千！在我心裏，他也是「世界公平」的化身和使者！純潔，高尚！

第三件事與人，就是一些默默理解和支持我的專家和朋友。其中，《紀念石家河遺址考古發掘60年學術研討會論文集》、《齊魯學刊》，他們就不懼強權，敢於捍衛「百花齊放，百家爭鳴」的純潔，發表不隨大流的不同觀點的文章。此外，在本書的出版被許多國內的出版商拒絕以後，還有一些朋友為了本書的順利出版而不辭辛勞。為了保護他們，我不能公開他們的姓名，但他們在我心裏也都是「世界公平」的化身與使者。

第四件事與人就是車廣錦。誠如當年那篇《考古學境界論》（《東南文化》1994年第3期）所寫，他一直認為「學者最重要的素質，是深邃的思想、崇高的境界、純潔的靈魂、堅定的信念、洋溢的熱情」。為此，他始終如一堅定地支持我鼓勵我不為名不為利，敢於創新，敢於挑戰學術腐敗和墮落。每當我深感乏力的時候都會見到他剛直的身影和不屈的微笑。他一直就是我心中最重要的「世界公平」的化身與使者。

近20年來，一直有朋友問我：對現狀後悔嗎？

的確，我付出得多收穫得少。今天學術界對我學術思想的態度和新作《問道》的出版，的確比當年馬克思的《共產黨宣言》，鄭觀應的《盛世危言》，毛主席的《湘江評論》的問世還難。儘管表面上人們都推崇「百花齊放，百家爭鳴」，但實際上更多的人還是習慣一家之言，習慣站在領導一邊。因為，一方面在中國只要敢對學術主流、領導和專家說三道四的都沒有好結果；另一方面只要跟著專家和領導走則不需要讀書思考，甚至造假都可以獲取最大最多的名利。然而，令人欣慰的是「世界是公平的」，就在世風日下人心不古的時候，總有一些無私無畏的人會站在你的身旁，理解你，默默地支持你！給你寬心和堅守正道的力量。

對此，我會永遠銘記在心！並致以衷心地感謝和崇高的敬意！